환상적인 동화가 안내하는 소프트웨어 탐험

컴퓨터과학으로 배우는
코딩여행

까를로스 부에노 저
한선관(경인교육대학교 미래인재연구소장) 역

사이언스주니어

Copyright © 2015 by Carlos Bueno.
Title of English-language original: Lauren Ipsum, ISBN 978-1-59327-574-7,
published by No Starch Press. Korean-language edition copyright © [year] by
Kwangmoonkag Publishing Co. All rights reserved.

이 책은 No Starch Press와의 독점계약으로 광문각에서 출간되었습니다. 저작권법에 의해 한국
내에서 보호를 받는 저작물이므로 무단전재와 복제를 금합니다.

추천해요

《로렌 입섬》은 국가의 심각한 도전과제를 창의적으로 해결해 나갈 개발자와 엔지니어 그리고 혁신가가 되길 꿈꾸는 학생들에게 깊은 영감을 준다.
— 백악관 (Champions of Change)

컴퓨터 세대를 이해하기 위해 꼭 필요한 이야기
— 미국 학교 도서관 저널

모두에게 프로그래밍 스킬을 불러일으킬 커다란 프로젝트의 하나
— 와이어드 매거진

청소년들에게 컴퓨터 과학을 소개하므로써 문제 해결력을 신장시키고 독자의 상상력에 불을 붙이는 책 : 문제 해결과 생각하는 힘을 키워주는 새로운 방법
— 쉐릴 샌드버그 (페이스북 COO, 《린인》의 저자)

컴퓨팅의 기초 개념을 바탕으로 전개하는 매혹적인 이야기
— 조슬린 골드페인 (페이스북 엔지니어링팀장)

교육과 재미가 있는 원더랜드의 21세기 기술로의 환상적인 여행
— 루쓰 파머 (IT·여성 국가센터, 전략성장국 팀장)

로렌 입섬은 컴퓨팅 속의 아이디어를 멋지게 가이드한다.
내가 크면서 그녀가 내 친구가 아닌 것이 아쉽다.
— 로버트 세인트 아만트 박사 (《일반인을 위한 컴퓨팅》의 저자)

컴퓨터과학을 가르치거나 배울 때 동기 유발을 하기 위해 반드시 읽어야 할 책
— 헬렌 마틴 박사 (워싱턴 대학교 교수)

컴퓨팅의 다른 측면을 이해하고 싶어하는 사람들을 위한 긍정적인 등대이다.
— 게일 카미첼 (칼튼 대학)

책 속의 컴퓨터에 대해

　이 책을 내면서 나는 여러분이 이 책에서 어떠한 컴퓨터도 발견할 수 없다는 것에 대해 매우 걱정됩니다. 만약에 여러분이 컴퓨터 없이 컴퓨터 과학의 아이디어를 이야기하는 것에 대해 화가 난다면, 이 글의 마지막 문장부터 책의 마지막 장을 읽을 때까지는 조금만 여러분이 참아 주시길 부탁합니다.

　사실 컴퓨터 과학은 실제 컴퓨터에 대한 것은 아닙니다. 컴퓨터는 단지 여러분이 생각을 조금 더 명확하게 보여주는데 도움을 주는 도구일 뿐입니다. 여러분은 망원경 없이도 달과 별들을 볼 수 있지요, 형광투시기 없이도 꽃들의 냄새를 맡을 수 있고, 즐거움을 제공하는 기계 없이도 즐길 수 있으며, 전압측정기 없이도 과학 놀이를 할 수 있는 것처럼 말이지요.

　또한, 여러분은 선행 지식 없이도 컴퓨터 과학을 즐길 수 있답니다. 컴퓨터 과학의 실제적인 소재는 아이디어들이랍니다. 이 책은 그러한 아이디어에 대한 것을 다루며 그것을 어떻게 발견하는지에 대한 방법들을 안내합니다. 사실 이 책의 유저랜드에 사는 캐릭터와 지명 등 무엇이든지 간에 실제 그러한 아이디어에 기초하여 만들어진 이름입니다. 책을 읽으면서 그러한 용어나 개념들에 대해서 더 알고 싶으면 책의 뒷부분에 있는 필드 가이드를 참고하세요.

저자 까를로스 부에노

역자의 말

    컴퓨터와 디지털 기술의 무한한 발전으로 우리 아이들이 살아갈 세상은 참으로 놀랍게 변해갈 것이라는 생각은 컴퓨터를 처음 접할 때부터 가졌던 생각이었습니다. 그러한 생각이 현직 교사의 삶에서 컴퓨터교육을 깊게 고민하고 보다 나은 교육을 위해 연구하는 직업으로 바꾸게 된 계기가 되었습니다. 박사학위 과정 동안 컴퓨터 과학 공부를 하면서 다른 컴퓨터 과학자들과는 달리 컴퓨터 과학의 개념과 원리를 컴퓨터에 적용하기보다 학생들이 쉽게 이해하는 방법에 대해 더 많은 고민과 시간을 쏟은 것으로 기억합니다. 이후 대학 생활의 13년 동안 이러한 고민은 계속 이어졌고 컴퓨터 과학을 초·중등 학생들이 보다 쉽고 유용하게 학습하도록 하는 방법에 대해 많은 연구를 진행하였습니다.

    컴퓨터 없이 컴퓨터 과학을 이해하는 언플러그드 컴퓨팅 방법, 프로그래밍을 레고 블록 쌓듯이 만들어가는 스크래치 코딩, 전자기판과 회로를 이용하여 컴퓨터의 원리를 구현하는 피지컬 컴퓨팅 방법, 게임중독에 몰입된 학생들의 시선을 돌리기 위한 정보문화 활동 등 다양한 컴퓨터 교육 방법을 연구하고 개발하였습니다.

이러한 방법들이 초·중등학생들에게 아주 유용한 방법이었으나, 학생들이 스스로 컴퓨터 과학의 지식과 프로그래밍을 쉽게 이해하는 것은 분명히 한계가 있었습니다. 특히 인간의 절차적이고 논리적인 문제 해결의 사고 과정을 나타내는 알고리즘에 대한 학습 방법은 그리 쉽지 않았습니다. 기존에 나온 알고리즘 책이나 컴퓨터 과학 책들은 성인들도 읽기 어렵고 딱딱한 이론서가 대부분이어서 컴퓨터 과학의 전문가나 이를 전공하는 학생들이 아니고서는 그렇게 쉽게 이해하는 데 어려움이 있었습니다.

이러한 어려움을 극복하기 위해서는 《해리포터》와 같이 신비롭고 재미있는 스토리와 논리적이고 체계적인 컴퓨터 과학이 어우러져 학생들이 단숨에 읽어나갈 수 있는 동화책이 필요하다는 생각을 오래전부터 기억에서 지울 수 없었습니다.

이러한 고민의 와중에 이 책의 번역을 맡게 된 것은 결코 우연이 아니었습니다. 페이스북의 전문 IT 개발자인 까를로스 부에노는 이 책에서 우리의 삶을 바꾸어 놓은 핵심 알고리즘들을 모아 재미있고 환상적인 컴퓨터 과학의 세계로 우리를 안내하고 있습니다. 주인공 로렌 입섬이 숲에서 길을 잃는 장면에서부터 집으로 돌아가는 모험 내내 흥미진진한 사건을 접하고 문제를 효과적으로 해결해 나가며 자신의 인생을 성장시키는 과정을 컴퓨터 과학이라는 분야와 연결지어서 멋지면서도 아주 쉽게 보여줍니다.

끝으로 이번 번역을 주선해 주시고 출판에 많은 노력과 아낌없는 지원을 해주신 광문각 박정태 회장님께 감사드리고 이 번

역에 지대한 도움을 준 미래 IT계의 빛나는 별, 한정영과 번역의 전반적인 수정과 학생들의 눈높이에 맞추어 보완을 해준 미래인재연구소의 류미영 선생님께 무한한 감사를 드립니다. 이 책의 번역은 우리 미래인재연구소 랩원들이 없다면 무의미한 작업이었을 것입니다. 랩원 모두에게 따뜻하게 고마움을 느끼고 SW교육이 대한민국의 중요 이슈로 떠오르고 있는 이때, 이 책은 초·중등 학생뿐만 아니라 교사 그리고 학부모, 일반인들이 반드시 읽어야 할 컴퓨터 과학의 필수 교양 도서로 적극적으로 활용되길 마음속 깊이 기대합니다.

역자 미래인재연구소 소장 **한 선 관**

목차

머리말 ………………………………………… 4
역자의 말 ……………………………………… 5

00. 숲에서 길을 잃다 ………………………… 11
01. 안 보이는 친구 …………………………… 24
02. 감성과 이성 ……………………………… 30
03. 저글링 실수 ……………………………… 37
04. 거북 씨와의 논쟁 ………………………… 44
05. 심볼 도시로 ……………………………… 55
06. 팅커의 제안 ……………………………… 61
07. 나를 읽어봐 ……………………………… 78
08. 보다 나은 방법 …………………………… 85
09. 함부로 말하지 마 ………………………… 93
10. 논리적인 해결 …………………………… 97
11. 공정한 교환 ……………………………… 103
12. 윈썸과의 만남 …………………………… 108
13. 라이프 게임 ……………………………… 115
14. 앱스트랙트 섬에서 ……………………… 123
15. 영리한 해결 ……………………………… 133
16. 계획 변경 ………………………………… 152

17.	엘레강트를 찾아서	161
18.	등대 네트워크	173
19.	갈림길에서	180
20.	집으로	194
21.	한 가지만 더	199

유저랜드 현장 가이드 (해설) ………………… 203

lauren
ipsum

CHAPTER 0

숲에서 길을 잃다

그날 아침, 로렌 입섬은 숲 속에서 길을 잃었다. 불쌍하게도 로렌은 지금 자신이 어디에 있는지, 어디를 향해 가고 있는지도 전혀 알지 못했다.

앞으로 일어나는 이 모든 일의 시작은 로렌이 엄마와 다툰 이후부터였다. 엄마는 로렌이 여름방학 보충수업에 가기를 바랬지만, 로렌은 여름방학을 수업이나 들으며 보내고 싶지 않았다.

"로리, 다른 나라 아이들은 매년 보충수업하러 학교에 간단다." 로렌의 어머니는 로렌을 종종 로리라고 불렀다.

"저는 다른 나라 아이들이 아니잖아요." 로리가 말했다.

"보충수업을 들어야 남들보다 먼저 앞서 가지."

"여름방학은 공부하라고 있는 게 아니라 즐겁게 보내라고 있는 거라구요."

로리와 엄마는 계속해서 말다툼을 했고, 급기야 서로 목청을 높이기까지 했다. 화가 난 로리는 화를 진정시키기 위해 숲 속으로 산책하러 갔다.

　많은 사람이 하기 싫은 일이 생겼을 때, 하지 말라는 일은 더 해보고 싶어지는 것처럼 로리도 그렇게 하였다. 로리 역시 숲 속 깊이 들어가지 말라는 엄마의 말을 어기고 점점 더 숲 속 깊숙이 들어갔다.

　길을 잃는 것이 조금은 재미있기도 했다. 숲 속에서 로리는 어떤 것이든 할 수 있었고, 될 수도 있었다. 깊은 숲 속에서, 로리를 이상하게 볼 사람은 아무도 없었다.

　로리는 아주 오래된 숲에 사는 유령처럼, 때론 비밀스러운 닌자같이 행동하였다. 로리는 숲 속의 나뭇잎들 아래로 비추는 빛과 그림자에 맞추어 함께 춤을 췄다. 어떤 누구도 살며시 움직이는 로리의 발걸음 소리를 들을 수 없었다. 로리도 누군가 다가오는 것을 볼 수 없었다. 수풀 속에서 이상한 소리가 날 때까지만 해도….

　"칙과이어!"

　저 멀리에서 괴상한 소리가 들렸다. 어둠 속에서 형체가 천천히 드러났다. 화가 난 귀신들일까? 아니면 무서운 짐승일까?

　"아르곳!"

　어둠 속에서 나타난 짐승이 소리쳤다. 그 짐승은 쥐를 닮은 개 같기도 했고, 개를 닮은 쥐 같기도 했다. 다시 말하자면, 큰 개 정도 크기의 쥐를 닮은 동물이었다. 다른 무서운 짐승들과는 다르게, 그 짐승은 로리에게 다가와 로리의 손에 코를 문질러댔다.

"우와, 넌 정말 귀엽구나!" 닌자처럼 행동했던 로리가 상냥하게 말했다.

"레플!" 그 짐승이 로리의 무릎에 앞발을 올리며 말했다.

"너 정말 웃기게 생겼다. 그치? 그런데 넌 이름이 뭐니? 뭐라고 부르면 될까?"

"아르곳!"

"그래, 앞으로 널 아르곳이라고 부를게. 너 배고프니? 음… 넌 뭘 먹고 사니?" 로리는 짐승에게 땅콩을 몇 개 주었다.

"스나플!" 짐승은 로리의 손 위에 있던 땅콩을 모두 먹어치웠다.

"귀여운 친구야, 너 혹시 해밀턴까지 어떻게 돌아가는지 아니?" 로리는 짐승의 턱을 간질이며 말했다.

"해밀턴!" 짐승이 신나서 대답했다.

"어떻게 가는지 알아?"

"라를!" 짐승은 로리의 말에 대답하기는커녕, 혀를 쑥 내밀며 다른 말을 했다.

"해밀턴에 어떻게 가면 되니?"

"되니!"

"아니, 내가 어떻게 돌아가야 하냐구?"

"하냐구!" 짐승이 대답했다.

"너 계속 내가 말하는 것만 따라서 말하고 있잖아! 안 그래?"

"안 그래!" 짐승이 말했다.

"으이구…, 내가 멍청하지. 동물이 말을 할 리가 없잖아."

'근데 큰일이군, 내가 정말 길을 잃었네. 어떻게 돌아가지?' 그제서야 로리는 이 상황을 심각하게 생각했다.

로리는 나무 뒤에 자라는 이끼가 북쪽 방향을 가리킨다는 것이 문득 생각났다. 그러나 어느 곳에도 이끼가 자라지 않았다. '해가 동쪽에서 뜨고 서쪽에서 진다고 했지!' 하지만 점심시간이었기 때문에 해는 머리 위에 있었다. 그 어떤 것도 로리가 집으로 돌아갈 방향을 찾는 데에 도움이 되지 않았다.

로리는 행운의 빨간 클로버가 그려진 포커 카드를 주머니에서 꺼내 들고는 가볍게 손가락을 튀기며 주위를 돌아다녔다. 카드가 앞면으로 땅에 떨어질 땐 왼쪽 방향으로 조금 걸어갔다. 반대로 카드가 뒷면으로 떨어질 땐 오른쪽 방향으로 걸었다.

"버블….." 아르곳이 이상한 소리를 내며 로리를 뒤따라 뒤뚱뒤뚱 걸어왔다.

"안돼! 따라오지 마 아르곳. 휘이 저리 가!"

"비틀릿?"

"나도 네가 좋은데, 우리 집에서는 너 같은 강아지를 키울 수 없어. 강아지인지 쥐인지, 네가 무슨 동물인지는 모르겠지만 어쨌든 안돼! 너 빨리 집으로 돌아가!"

로리의 말은 무시한 채, 그 작고 못생긴 아르곳은 계속해서 로리를 뒤따라갔다. 로리가 어딜 가던지 계속 쫓아올 것처럼 보였다.

'아마 별이 뜰 때까지 기다리다 보면… 아니야, 그건 멍청한 짓이야. 난 어떤 별이 방향을 가리키는지 모르는걸.' 로리는 아르곳이 하는 짓을 무시하며 깊은 생각에 빠졌다.

"프로빗!"

그때 아르곳처럼 생겼지만, 아르곳보다는 조금 더 큰 짐승이 이상한 소리를 내며 덤불 아래에서 기어 나왔다. 그 짐승은 로리의 얼굴을 핥으려 했다.

"우웩! 너 입에서 냄새나잖아!"

"위블!"

그때, 세 번째 짐승이 숲 뒤쪽에서 나타나 로리의 다리를 머리로 부딪히려 했다.

"으악! 넌 또 누구야!"

"탄스타플!"

"조르크!"

아르곳과 닮았지만 크기가 다른 짐승들이 사방에서 나타났다. 그 짐승들은 합창하듯 소리를 높여 짖었다.

"어…" 로리가 당황하여 말을 더듬었다.

"파르섹!"

"워플!"

"리로!"

아르곳의 친구들은 더 이상 귀여운 동물들처럼 로리에게 코를 비비지 않았다. 짐승들은 로리를 둘러싸고 무섭게 짖어댔다.

성난 짐승들에게 둘러싸여 갇힌 로리는 당황해서 무작정 달리기 시작했다. 짐승들 무리는 울부짖으며 로리를 쫓아 달려갔다.

"나이퀴스트!"

"쿡스!"

"피포!"

울퉁불퉁한 길을 달려온 로리는 발이 아파 서 있기조차도 힘들었지만 무서운 아르곳의 무리를 피하기 위해 쉬지 않고 달렸다. 숲길을 따라 달리던 로리는 앞쪽에 길을 막고 서 있는 큰 녹색 울타리를 보았다. 길이 막혀 더 이상 도망칠 수 없었다. 낡아서 거의 다 부서진 그 울타리는 아마 아주 옛날엔 아름다운 정원의 일부분이었을 것이다.

로리는 그 울타리의 틈 사이를 비집고 나아가 계속 도망쳤다. 힘들고 지쳤지만 로리는 자신이 안전하다고 생각이 될 때까지 멈추지 않고 달렸다. 이제 아르곳의 무리들은 로리와 아주 멀리 떨어져 거리를 두고 있었다.

그때서야 로리는 주변을 살펴보았다. 울타리 반대편에 있는 숲은 뭔가 다르게 보였다. 어떤 나무는 붉은색과 검은색 줄무늬를 가지고 있었다. 검은 나무줄기는 두 개의 붉은 가지로 나누어졌고, 이 가지는 다시 각각 두 개의 작은 검은색 가지로 나뉘었다. 또 이 작은 가지들은 두 개의 아주 작은 붉은 가지로 나뉘어 있었다. 이렇게 가지들은 검은색과 붉은색의 규칙을 가지고 자라 있었으며 나무 끝에는 무수히 많은 검은 나뭇잎이 달려 있었다.

"푸우!"
"바르!"
"바즈!"

아르곳의 무리들은 아직도 로리를 멀리서 뒤쫓고 있었다. 로리는 계속 달렸지만 힘이 빠져 더 이상은 빨리 달릴 수 없었다. 로리의 입안은 바싹바싹 말라왔고 다리가 후들거리기 시작했다.

"위지윅!"

"살려줘! 이제 그만해!" 로리는 누군가가 자신의 목소리를 듣고 도와주기를 간절히 바라며 비명처럼 소리 질렀다.

"도와주세요!"

숲에서 큰 짐을 나르고 있던 작은 남자가 로리를 발견하고는 도와주려고 달려왔다. 많은 접시와 냄비, 프라이팬, 그리고 솔방울들이 그 남자 주위에 널려 있었다. 아르곳 무리들은 그 남자를 발견하고는 쫓는 것을 멈추고 분을 이기지 못한 채 괴성을 질렀다.

"아가씨, 괜찮아?" 그 남자가 물었다.

"저기⋯ 저기 있는 쥐들이 저를 계속해서 쫓아와요!"

"입실론!"

"올랍!"

"저 동물들의 이름은 자르곤이야." 그 남자가 말했다. "여기서 조용하게 가만히 있으렴."

"스타니!" 그가 아르곳 무리들에게 가라앉은 목소리로 크게 소리쳤다. 아르곳들은 모두 멈춰 섰고 귀를 바르르 떨어댔다.

"세팟! 애프비즈! 슈넬! 슈넬!"

그렇게 소리치자 그 무리들은 모두 숲 속으로 도망치듯 사라졌다.

"고⋯ 고마워요." 로리가 말했다.

"내가 할 일을 한 건데 뭘. 여기서 잠깐만 쉬었다 가렴."

그는 철그럭거리며 그의 짐을 바닥에 내려놓더니 그 위에 걸터

앉았다.

"자르곤이 뭐에요?" 로리가 숨을 크게 고르고 질문했다.

"자르곤은 늪에 사는 놈들이야. 저놈들은 늘 먹이에만 관심이 있지. 그래서 만약 그 먹이를 잡지 못하면 분을 못 이겨 소리 지르고 화를 내곤 한단다."

"하지만 처음에 저들은 매우 착했던 걸요! 처음에는 친하게 이야기를 했는데 이후에는 소리를 지르며 저를 계속 따라오더라구요."

"그게 저놈들의 방식이야. 작은 자르곤은 그렇게 크지 않아서 온순해 보이지. 그래서 종종 사람들은 작은 자르곤을 애완동물처럼 여기기도 해. 그런데 그들 여럿이 모여서 무리를 이루면 정말 위험하지."

"끔찍하네요."

그는 어깨를 으쓱였다. "자르곤들이 꼬마 아가씨를 노린다면 아가씨는 어떻게 해야 할까? 그럴 때는 자리에 똑바로 서서 두렵지 않다는 듯이 행동해야 해. 만약 아가씨에게서 두려움이 보인다면 자르곤 무리들은 바로 아가씨를 쫓아와 해코지를 할 거야."

"아저씨, 아까 자르곤에게 뭐라고 말했길래 가버린 거죠?"

"사실 나도 잘 모르겠어. 그래도 자르곤들이 하는 말과 비슷하게 들리지 않았나? 아, 참. 아가씨의 이름은 뭐지?"

"제 이름은 로리에요. 숲에서 길을 잃었어요."

"아 그렇군! 사실 나도 길을 잃은 상태란다."

"네? 그럼 아저씨도 여기가 어딘지 모른다는 말이에요?"

"아니, 나는 여기가 어디인지는 정확히 알고 있거든."

"그렇다면 지금 아저씨는 어디로 가는지 모른다는 말씀인가요?"

"나는 내가 어디로 가는지도 정확히 알아. 난, 집으로 가는 길이지."

로리는 너무 혼란스러웠다.

"하지만 아저씨께서 여기가 어딘지 알고 있고 어디로 가고 있는지도 알고 있다면, 그게 왜 길을 잃은 거죠?"

"왜냐하면, 난 어떻게 집으로 가야 하는지는 모르거든. 나는 떠돌이 상인이야. 어떤 사람들은 나를 보부상이라고도 한단다."

"보부상이요? 그게 뭐예요?"

"우리는 이 마을 저 마을로 돌아다니면서 여러 가지 물건을 사고팔지. 그런데 우리가 이동하는 방법에는 두 가지 규칙이 있어. 첫 번째는 집에 돌아가기 전에 모든 마을을 거쳐서 가야 한다는 것이고, 두 번째는 어떤 마을이든지 두 번 이상 가면 안 돼. 우리가 가는 길이 매우 특이하거든. 길을 되돌아가지 않는 한, 앞으로만 계속 걷다 보면 결국 모든 마을을 지날 수 있어. 그리고 마침내 집에 도착하게 되지."

"그래서 아저씨께서는 항상 가 보지 못한 마을을 지나신다는 거군요."

"그렇지! 로리도 이 길을 끝까지 따라가다 보면 결국 집에 갈 수 있을 거야. 사실 이건 참 논리적인 방법이란다. 나는 길을 따라 걸으면서 하노이의 탑 뒤로 져가는 석양도 보았고, 세상에서 가장 높은 곳도 올라 봤어. 또 거꾸로 흐르는 강에서 위로 떠내려가 보았지. 정말 즐거운 여행이야. 그래서 나는 사람들이 길을 잃는 것도 정말 재미있을 것 같다는 생각이 들어!"

"하지만 저는 이제 더 이상 즐겁지 않아요. 저는 정말 여기가 어딘지도 어디로 가는지도 모르겠고 또 어떻게 가는지도 모르겠어요."

"음… 길을 잃으면 대부분은 정말 재미있는데, 이번에는 아니었나 보네. 그렇다면 꼬마 아가씨도 지금 집으로 가고 있는 건가?"

"예, 전 집으로 가고 싶어요!"

"집이 어디지?"

"저는 엄마와 함께 해밀턴에 살아요. 혹시 해밀턴으로 어떻게 가는지 아시나요?"

"처음 듣는 곳인데. 그렇지만 저기 세 갈림길 중 한 곳이겠지. 지금까지는 잘하고 있는 것 같은데"

떠돌이 상인이 세 갈림길을 손가락으로 가리키며 말했다.

"음… 그랬으면 좋겠네요."

"우리가 계속 같은 장소에 있어서, 나는 내가 지금 어디 있는지 알고 있지. 그러니 꼬마 아가씨도 어디에 있는지 안다는 거지. 로리는 지금 마일 제로 근처의 레드 블랙 숲에 있단다."

'어디 근처의 어디라고?' 로리가 혼자 곰곰이 생각하는 동안 그 남자는 계속해서 자기 혼자 떠들어 댔다.

"이제 꼬마 아가씨가 어디에 있는지 알겠네. 아, 그리고 어디로 가고 있는지도 알겠군! 로리 너는 단지 아주 조금 길을 잃은 것뿐이야”

"그래도 저는 아직도 어떻게 가야 하는지 모르겠어요."

"음… 아가씨가 꼭 만나봐야 할 사람이 있는 것 같군. 내가 에포니머스 바흐라는 아주 똑똑한 분을 알고 있지."

"네? 그분이 어디 계시죠?"

"그녀는 바흐도로 끝의 바흐하우스에 살고 있어."

"바흐요?"

"혹시 그분을 알고 있니? 바흐는 정말 훌륭한 작곡가란다. 적어도 그녀는 로리 양의 문제를 해결해 주실 수 있을 거야."

그 남자의 희망적인 말은 로리에게 가뭄에 콩 나듯 정말 기쁘게 들렸다.

"좋아요. 그렇게 할게요. 저랑 같이 가 주시는 거죠?"

"나도 그러고 싶어. 하지만 나는 방금 막 바흐 도시를 들렀다 오는 길이야."

"아, 그렇다면 그 길로는 다시 못 돌아가시겠네요?"

"그래 맞아. 하지만 도시의 입구로 가는 갈림길까지는 데려다 줄 수 있으니 그곳부터는 혼자 가도록 해."

떠돌이 상인과 로리는 같이 길을 떠났다. 떠돌이 상인은 로리에게 숲의 끝으로 가는 길을 알려주었다. 한참을 같이 걷다가 갈림길의 마지막에 서 있는 나무에 다다랐다.

"여기가 바로 마일 제로로 가는 길이야."

"마일 제로를 지나면 어떤 게 있죠?"

"당연히 마일 원이 있지. 그리고 바로 바흐 도시를 만날 수 있을 거야. 아쉽지만 이제 우리 헤어질 때가 된 것 같아."

"네, 그런 것 같아요. 정말 고맙습니다!"

"별말을. 행운을 빌어, 로리. 아마 우리가 가는 길은 다시 겹치게 될지도 몰라."

마지막 인사 후 떠돌이 상인은 그가 한 번도 가보지 못했던 새로운 길을 향해 떠나갔고, 로리 역시 바흐 도시를 향해 떠났다.

CHAPTER 1

안 보이는 친구

"지금까지 나쁘진 않았어."

로리가 마일 원이라는 도시 표지판을 보며 혼잣말을 중얼거렸다.

"1마일은 걷기엔 너무 먼 거리 같지만, 조금씩 걸어가다 보면 금방 도착할 수 있을 거야."

로리가 해밀턴에서는 8블럭을 걸으면 1마일이었다는 것을 기억하며 말했다. 로리는 1블록의 거리씩 천천히 걸어가기로 했다.

그때 어디선가,

"어, 저기. 누군가 새로운 사람이 있네." 멀리서 말하는 소리가 들렸다.

"누구세요?"

로리가 주위를 한 바퀴 빙 둘러보았지만, 신기하게 생긴 농작물과 텅 비어 있는 길 말고는 아무것도 볼 수 없었다.

"어린 꼬마 애잖아?"

그제서야 로리는 소리가 표지판으로부터 들려오는 것을 알아차렸다. 자세히 보니 작은 도마뱀이 표지판 위에 달라붙은 채로 말하고 있었다. 그 도마뱀은 매우 특이한 색을 띠고 있었는데, 표지판의 초록색 부분에서는 도마뱀과 겹쳐진 몸이 빨갛게 변했고, 하얀색 표지판 부분에서는 도마뱀의 몸이 검은색으로 변했다.

"안녕, 넌 누구니?" 로리가 물었다.

"난 엑소르야. 친구들은 내 이름을 Xor이라고 쓴단다." 도마뱀이 신경질적으로 말했다. 그러더니 꼬리를 씰룩거리며 노란색에서 파란색으로 몸의 색깔을 바꿨다.

"잠깐, 너는 지금 내가 보이니?"

"당연하지!" 로리가 말했다.

"아…." 엑소르가 밝은 보랏빛으로 색을 바꾸며 한숨을 길게 내쉬었다.

"말하는 도마뱀은 태어나서 처음 봐! 말하는 법을 어떻게 배웠니?" 로리가 말했다.

"멍청한 질문하지 마!" 도마뱀이 말했다. "너나 다른 사람들처럼 나도 태어날 때부터 말하는 방법을 배웠어."

"태어날 때부터?"

"당연하지. 그런 걸 왜 묻는 거야? 넌 어떻게 배웠길래?"

"음…."

'나는 항상 말을 할 수 있었는데…'라고 생각하며 로리가 말했다.

"나도 어릴 때부터 배웠다고 생각하는데."

"누구나 그런 사실쯤은 알아. 처음에 넌 말하는 방법을 배우고 나서 생각하는 방법도 배웠겠지. 말하는 방법을 나와는 다르게 배운 줄 알았는데, 그게 아니라니 참 안타깝네."

"그런데 너는 이 표지판 위에서 뭐 하고 있었니?" 로리가 물었다.

"또 멍청한 질문이야! 넌 내가 뭐 하고 있었던 것 같아? 표지판이랑 똑같은 색으로 만들려고 하고 있었잖아." 엑소르가 분홍색과 보라색이 겹쳐진 색깔을 변화시키며 대답했다.

"너 표지판 색이랑 다르던데…."

로리는 고개를 저으며 말했다.

"내가 여기에 왜 왔더라? 아, 맞아. 오래전부터 우리에겐 세상에 있는 것들과 색깔을 똑같이 변화시키는 것이 참 명예로운 일이었어. 이것을 연습하는 데 수 년이 걸리지. 네가 날 보려면 눈을 크게 뜨고 잘 살펴봐야 할 걸?"

엑소르는 흰색에 주황색 물방울무늬로 변하며 표지판 위에서 말했다.

로리는 도마뱀이 한 말에 웃지 않기 위해 입술을 지긋이 깨물었다.

"넌 나처럼 이렇게 잘 숨는 도마뱀을 쉽게 볼 수 없을 거야!"

엑소르는 복숭아색으로 변한 뒤 잠시 후 국화꽃 색으로 변했다.

"그런데 아주 가끔 말이야. 너랑 나랑 둘이서만 간직해야 할 비밀 이야기를 하자면 말이지. 아주 가끔은…." 엑소르는 매우 슬픈

표정을 지으며 말을 잇지 못했다.

"아주 가끔?"

"가끔은, 내가 색을 제대로 변화시키고 있는지가 걱정돼."

"숨고 싶은 게 맞긴 하니!" 로리가 참지 못하고 말했다. "네 몸 색깔은 계속 변하고 있는 걸!"

"이번엔 제대로 색깔을 바꾼 것 같다는 생각이 드는데! 어때?" 엑소르가 머리를 돌려 바뀐 색깔의 몸을 보며 말했다. "내 왼발이 초록색 같지 않니?"

"초록색? 아니, 빨간색인걸."

"설마! 지금은 어떠니?"

"정말이야. 지금은 보라색이야."

로리의 말에 도마뱀은 한숨을 쉬었다.

"색을 바꾸는 일은 보기보다 쉽지 않구나. 내가 여태 색깔을 잘못 바꿔왔다는 것을 본 사람이 배고픈 새가 아니라 너라서 정말 다행이야. 너도 알다시피, 내가 색깔을 조금은 못 알아보거든."

"그런데 넌 어떤 종류의 도마뱀이니?" 로리가 물었다.

"난 공룡의 유전자가 섞인 카멜레온이야. 우리 엄마 쪽에서는 공룡의 피가 흐르고 있지."

"공룡이라고? 거짓말하지 마."

"사실이야!" 엑소르는 자랑스러운 듯이 스스로 치켜세우며 이야기했다. "나의 이모 배나는 스테가노사우루스인걸. 우리 이모인 배나는 우표 뒤에도 감쪽같이 숨을 수 있었어."

로리는 도마뱀의 말을 믿을 수 없었지만, 엑소르가 실망할까 봐

입을 다물었다.

"음, 내 생각에는 너희 이모가 너에게 숨는 방법을 더 잘 가르쳐 주실 거야."

"나도 그러고 싶었지. 그런데 난 이모가 어디에 계신지 몰라. 마지막으로 이모를 만난 게… 음… 생각해 보니 난 이모를 한 번도 본 적이 없네!" 엑소르가 말했다.

"그런데…." 로리가 도마뱀의 말을 돌리려고 하자

"꼬마야." 엑소르가 먼저 말했다.

"내가 너를 따라가도 괜찮니? 네가 날 이렇게 쉽게 볼 수 있으니, 넌 아마 우리 이모도 금방 찾을 수 있을 거야!"

"난 그렇게 생각하지…." 로리가 거절하려고 하자 엑소르가 말했다.

"내가 많은 도움이 될 거야. 난 이 지역을 아주 잘 알고 있어. 내가 이 주변 길을 모두 알려줄게."

"정말이야? 그렇다면 좋아. 널 내 주머니에 넣고 가야겠다." 로리가 말했다. "그런데 너 해밀턴을 들어본 적 있니?"

"처음 들어보는 걸. 먹을 수 있는 거니?"

"그냥 신경 쓰지 마. 가자." 로리는 귀찮은 듯 대답했다.

CHAPTER 2

감성과 이성

    로리와 엑소르는 얼마 지나지 않아 바흐의 작은 도시에 도착했다. 도시의 모든 곳에는 '바흐'라는 이름이 붙어 있었다. 바흐 도로, 바흐 거리, 바흐 광장, 심지어 차도와 인도까지 모두 '바흐 차도', '바흐 인도'로 적혀 있었다. 로리와 엑소르는 바흐 거리를 따라 10분쯤 걸어 내려가자 드디어 바흐 하우스에 도착했다.
    로리는 성문같이 커다란 대문을 두드렸다. 잠시 후 여자 한 명이 문밖으로 나왔다. 그녀는 눈부시게 화려한 코트를 입고 하얀 곱슬머리에 키가 매우 큰 여성이었다.
    "안녕?, 무엇을 도와줄까?"
    "당신이 에포니머스 바흐 씨인가요? 전 로리에요. 당신이 저를 도와줄 수 있다는 말을 듣고 이렇게 찾아왔어요."
    "그래? 내가 그 어려움에 직접적인 도움을 주지 못하더라도, 적어도 어떻게 해야 할지는 알려줄 수 있으니 들어와서 차 한잔하고 가렴."

바흐 하우스는 겉에서 보기엔 매우 아름다웠지만, 문을 열고 들어가 보니 내부는 먼지투성이였다. 이상한 기계들이 방구석 구석에 놓여 있었고, 온통 거미줄이 쳐 있었다. 작은 물건들은 바닥에 아무렇게나 늘어져 있었고, 휘갈겨 쓴 낙서들이 적힌 종이 뭉치들도 아무 데나 놓여 있었다. 심지어 바이올린은 화분 속에 박혀 있었다. 엑소르는 로리의 주머니 밖으로 뛰어나와 눈을 동그랗게 뜨고 먹이들을 찾기 시작했다.

"음, 당신은 작곡가인가요?" 로리가 물었다.

"그렇단다." 에포니머스가 말했다.

"어떤 종류의 음악을 작곡하세요?"

"오, 난 음악을 작곡하지 않아. 아이디어를 작곡하지!" 그녀가 말했다.

"아이디어를 작곡한다고요? 어떻게요?"

"나는 작은 아이디어 여러 개를 합쳐 커다란 아이디어를 만든단다. 그리고 그렇게 만들어진 큰 아이디어들을 합쳐 더욱더 큰 아이디어를 만들지. 그러고 나서 그 위에 내 이름을 적어 둔단다. 이름을 적기 전까지는 절대로 이 아이디어들을 바깥으로 새어나가게 해서는 안 돼. 그것이 바로 에포니미의 첫 번째 바흐 법칙이지. 보다시피 이 모든 것은 내가 스스로 만들어 낸 거란다."

"그래서 이 도시의 모든 도로들 이름이 당신의 이름을 따서 만든 건가요?" 로리가 물었다.

"그렇지. 나는 모든 것들에 내 이름을 붙여. 특히, 물건보다는

좋은 아이디어에 이름을 새기는 것이 훨씬 더 좋은 방법이란다. 이것은 에포니미의 두 번째 바흐 법칙이란다."

"왜 아이디어에 이름을 새기는 것이 더 좋다는 거죠? 아이디어는 눈에 보이지 않잖아요." 로리가 물었다.

"왜냐하면, 좋은 아이디어들은 절대로 닳아 사라지지 않기 때문이지! 생일 케이크 위에 아무리 이름을 많이 새기더라도 그 이름은 오래 남아 있질 않지. 안 그러니?"

"네, 그렇죠. 케이크는 바로 먹어 버리니까요." 로리가 대답했다. "생일 케이크를 안 먹더라도 절대로 오래 보관되지도 않죠."

"또, 너는 산 위에도 이름을 새길 수 있단다." 에포니머스가 말했다. "하지만 산도 갑자기 무너져버릴 수 있지. 무시무시한 소리를 내면서 말이야! 평생 남길 수 있는 방법은, 아이디어로 보관하는 것뿐이란다."

이 말을 마친 그녀는 벽에 걸린 우스꽝스러운 옷을 입은 곱슬머리 남자의 초상화를 가리켰다. "저것을 보렴. 내 친구 앤디 암페어란다. 언젠가 앤디가 두 개의 전선에 전기를 연결시켰을 때, 전선이 서로를 향해 조금씩 구부러지는 것을 봤단다. 그래서 그는 그 전선을 '앤디의 마법의 전선 구부리개'라고 불러 종이 클립을 만드는 사람들에게 판매했지."

"오, 그것 참 괜찮은 방법인데요!" 로리가 말했다.

"그렇단다. 난 앤디에게 계속해서 판매하라고 했어. 그 아이디어에 앤디의 이름이 쓰여질 때까지 계속 팔라고 했단다. 그는 그 구부리개 기계로 전력도 측정할 수 있었어. 전선이 얼마나 구부러

졌는지를 보면 됐단다. 그건 정말 새로운 자연의 법칙이었어! 한참의 시간이 지나자 누구도 앤디의 마법의 전선 구부리개를 사용하지 않았단다. 하지만 암페어의 법칙은 아직까지도 남아서 우리에게 살아 있지!"

"그런데 당신은 왜 모든 물건에 이름을 남기고 싶어 하나요?"

"이름은 중요하니깐! 이름이 없는 물건들은 마치 손잡이가 없는 주전자와 같아. 거북이에 대한 이야기를 '거북이'라는 단어를 사용하지 말고 이야기를 한번 해보렴."

"음… 그건 말이죠. '거북이'라는 단어 대신 '동그란 초록색 껍질 속에 사는 동물'이라고 하면 문제 없을 것 같은데요." 이렇게 말하고 나서 로리는 자신의 좋은 대답에 어깨를 으쓱해 댔다.

"흠…" 에포니머스가 뜸들였다. "쉽게 설명되진 않겠지만, 그렇게 불러도 문제는 없겠군. 자, 그럼 내가 어떻게 도와주면 좋을까, 꼬마 아가씨?"

"전 해밀턴으로 돌아가는 길을 찾고 있어요. 이곳까지 오는 길에 만났던 떠돌이 상인이 한 번도 가보지 못했던 길로 계속 가다보면 집을 찾을 수 있을 거라고 했어요. 그런데…."

"그런데?"

"전 잘 모르겠어요. 그 떠돌이 상인이 말했던 것이 잘 이해가 가지 않아요. 말이 안 되는 걸요."

"이용 가능한 방법이더라도, 합리적인 방법이 아닐 수는 있지." 에포니머스가 말했다.

"이용 가능하다는 것과 합리적이라는 것은 같은 뜻 아닌가요?"

로리가 대꾸했다.

"세상의 많은 일은 이용할 수는 있지만 가끔은 전혀 합리적이지 않을 때가 있단다. 꼬마 아가씨, 너는 앞문으로 걸어 들어와서 뒷문으로 걸어나갈 수 있지?"

"물론이죠."

"너는 집 밖으로 나가 걸어 다닐 수 있어. 혹은 우리가 살고 있는 이 지구를 전부 걸어 다닐 수도 있지. 걷는 것은 가능하지만 누가 이 땅을 하나도 빼놓지 않고 모두 걸을 수 있겠어! 많은 방법을 이용 가능할 수 있지만, 합리적인 것은 작은 일부분에 불과하지."

"그렇다면 합리적인 방법을 찾는 수밖엔 없겠군요." 로리가 말했다. "저는 집까지 가기 위해 이 숲의 모든 곳을 찾아 헤매면서 걷고 싶진 않아요!"

"그래서…" 에포니머스가 말했다. "우리 이제, 꼬마 아가씨가 마주한 문제에 이름을 붙이고 해결 방법을 만들어 볼까? 로리의 첫 번째 미션은 집까지 가는 가장 짧은 길을 찾는 거야."

"하지만 어떻게 그 길을 찾죠?" 로리가 물었다. "어려운가요?"

"시도해 보기 전까지는 절대 알 수 없단다. 온 길을 따라 걷다 보면 바로 심볼이라는 도시에 도착하게 될 거야. 혹시 그 도시 이름을 들어본 적이 있니?"

"아니요. 들어본 적이 없는걸요."

"그렇다면 심볼에 가보는 것이 좋겠어. 바흐 도로를 따라서 도시 경계까지 걷다가, 리커전 교차로에서 왼쪽으로 돌면 될 거야."

"리커전 교차로요?"

"그래, 반복 교차로라고도 한단다. 할 수 있겠어?" 에포니머스가 쉬운 말로 설명해 주었지만 로리는 모두 이해가 되지 않았다.

"좋아요!" 로리가 말했다. "이제 출발하자구, 엑소르!"

"아 맞다," 로리가 무언가 생각이 났는지 에포니머스에게 물었다.

"혹시 스테가노사우루스를 어떻게 찾을 수 있는지 알고 계세요?"

그녀가 웃으며 말했다. "누가 그런 이야기를 해줬지, 꼬마 아가씨? 스테가노사우루스는 세상에 존재하지 않는걸."

CHAPTER 3

저글링 실수

로리와 엑소르는 바흐 도시를 빠져나오고 있었다. 로리가 엑소르에게 다그치듯 물었다.

"스테가노사우루스라는 건 없다잖아. 안 그래?"

"그 여자는 자기가 무슨 얘기를 하는지도 몰랐을 거야. 그나저나 그곳에는 아주 좋은 벌레 먹잇감들이 많았는데 말이야."

"그녀가 맞는 말을 했어. 스테가노사우루스는 존재하지 않아."

"그녀가 스테가노사우루스는 존재하지 않는다고 말했지. 왜냐하면, 그녀는 스테가노사우루스를 직접 본 적이 없기 때문이야. 그러니 내가 예전에 말했던 것이 입증된 거야! 스테가노사우루스는 숨는 것을 매우 잘한다구."

"말도 안 되는 소리하지 마, 엑소르."

"넌 누구의 말을 믿을 거니? 나? 아니면 네가 스스로 보는 모든 것들?"

"스켁!" 날카로운 소리와 함께 로리는 무언가가 어깨를 스쳐 지나가는 느낌을 받았다. 그런데 이런 느낌을 알아채기도 전에, 한 마리의 뚱뚱한 새가 엑소르를 발톱으로 낚아채 날아가고 있었다.

"안 돼!" 로리가 새를 쫓아 뛰기 시작했다. 그 새는 너무나도 뚱뚱해 거의 동그란 모양이었다. 배구공만 한 크기에, 코코넛의 형체와 비슷했다. 엑소르를 낚아채 간 새가 나뭇가지에 앉았다. 그 나무에는 똑같이 생긴 뚱뚱한 새가 두 마리 더 있었다.

로리는 엑소르를 잡아간 새를 잡기 위해 높이 뛰었다. 그러나 그 새는 불쌍한 도마뱀을 다른 새에게 던져 물렸다. 로리가 다른 새를 잡기 위해 뛰었더니, 엑소르를 넘겨받은 새가 또 다시 다른 새에게 던졌다.

새들은 서로 도마뱀을 주고받으며 즐거워하고 있었다. 엑소르를 물고 있지 않은 새들은 위아래로 몸을 흔들며 이상한 노래를 불렀다.

"빠르게 더 빠르게"
 "너무 빨라서 따라잡지 못하게"
  "라운드 로빈은 더 빠르게 던지지"
   "그러고 나서 삼켜 버리자!"
"그를 돌려줘!" 로리가 소리쳤다. "그는 내 친구란 말이야!"
라운드 로빈은 킥킥 웃으며 그녀를 따라했다.
"그를 돌려줘!"
 "그를 돌려줘!"
  "이 도마뱀은 말이지"

"우리의 맛있는 점심이 될거야!"

"살려줘!" 엑소르가 겁에 질려 꽥 소리질렀다. "이 새들이 날 먹을 거래!"

"그가 숨어 있어 봤자"

"결국 새들의 눈에 보일 수밖에 없어"

"똑같이 공평하게 3등분으로 나누어서"

"먹어 버릴 거야!"

"안 돼!" 로리는 작은 돌멩이를 주워 가장 가까운 라운드 로빈에게 집어던졌다. 놀랍게도, 그 새는 날아가지 않았다. 뚱뚱한 새는 돌멩이를 입으로 받았다.

"돌이야!"

"정말 무례하구나!"

"이런 돌멩이를 말이야."

"우리가 즐겁게 갖고 놀아줄게."

"너도 같이 즐거워하라구!"

그 뚱뚱한 새들은 이제 돌멩이와 엑소르를 서로 집어던지며 놀기 시작했다. 로리는 또 다른 돌을 주워 계속해서 집어던졌지만, 다른 새가 그 돌을 모두 받아 물었다. 이제 라운드 로빈들은 세 개의 돌과 도마뱀을 서로 집어던지며 저글링을 했다. 로리는 잠깐 멈추어 생각을 했다. 그리고 또 다시 돌을 주워 손에 들었다.

"벌써 포기한 거야?"

"우리는 공을 가지고 노는 걸 좋아한다구!"

"다른 것들을 또 던져줘!"

"그럼 우리가 모두 받아볼게."

한 개의 돌만을 던지는 대신에, 로리는 한 손 가득 돌멩이들을 주워 빠르게 하나씩 차례로 던지기 시작했다. 로빈들은 빠르게 모든 돌을 받아 묘기를 부리며 가지고 놀았다.

'내 친구를 먹으려고만 안 했다면, 정말 멋진 장면이었을 텐데 말이야.'라고 로리가 생각했다.

"지금 뭘 하고 있는 거야? 날 살려달라구!" 도마뱀이 소리쳤다.

그때 세 마리의 로빈은 너무 많은 돌을 한 번에 공중에 들고 있기 힘들게 되었다. 로리는 점점 더 세게, 그리고 더 빠르게 돌멩이를 집어던져 새들이 균형을 잃도록 만들었다. 새들은 또다시 노래를 불렀다.

"더 많은 날개가 필요해, 내 형제들아!"

"더 많은 부리와 더 많은 발톱이 필요해!"

"우리는 더 많은 라운드 로빈이 필요해!"

"똑같이 균형을 맞출 수 있는 형제들이 말이야."

그때 5마리의 새들이 날아와 무리에 끼기 시작했다. 그들은 서로 주고받는 돌멩이를 나누어 다시 집어던지며 놀기 시작했다. 그리고 새들은 또다시 로리를 놀리기 시작했다.

"그런 방법으로는 우리를 이길 수 없을걸!"

"우리는 어쨌든 먹을거리가 생겼으니깐 말이야!"

"더 많은 형제가 와서 나누어 먹을 양이 줄어들기는 했지만"

"우리는 형제들이니깐!"

새들은 이제 15개, 20개, 심지어 25개의 돌을 동시에 집어던지며 놀고 있었다. 그들은 로리가 집어던지는 것이면 무엇이든지 잡을 수 있었고, 훨씬 많은 새들은 그 무리에 끼기 위해 주위에서 기다리고 있었다. 어떻게 해야 엑소르를 구할 수 있을까?

"똑똑한 라운드 로빈"

"네가 이기기엔 우리 형제들이 너무 많다구!"

"넌 절대로 로빈을 이길 수 없어"

"먹을거리가 눈앞에 있으니 말이야!"

새들이 큰 소리로 노래를 부르고, 엑소르가 비명을 지르고 있는 바람에 로리는 집중을 하기가 힘들었다. 그러나 로리는 잠시 멈춰서서 도마뱀을 어떤 패턴으로 던지는지 보았다.

'라운드 로빈들은 뭐든지 잡을 수 있다고 했지….'

"계속 던져 달라구!"

"우리가 언제 멈출 것 같아?"

"모든 돌멩이는 우리가 주고받을 수 있다구!"

"이 도마뱀도 말이야… 앗!"

한 마리의 새가 던져진 도마뱀을 받으려고 하는 찰나에, 로리는 모래 한 줌을 주워 그 새의 부리에 던져 맞추었다.

라운드 로빈은 뭐든지 잡을 수 있었지만, 동시에 두 개를 잡을 수는 없었다!

로리는 달려가 떨어지는 엑소르를 붙잡았다. 주고받던 돌멩이와 도마뱀의 리듬이 끊기자, 새들은 당황하여 이곳저곳으로 날아다녔다. 그리고 엑소르를 다시 빼앗기 위해 로리를 쫓아 날아왔지만 너무 뚱뚱해 로리를 따라잡지 못했다. 화가 난 새들은 박자를 맞추지 못하면서도 노래를 불렀다.

"불공평해!"

"불공평하다구!"

"우리의 간식을 빼앗아가다니!"

"돌아와!"

"불공평해!"

"빼앗아가다니…"

"너 괜찮니?" 로리가 안쓰러운 얼굴로 물었다.

"아니… 아니야, 괜찮은 것 같아." 엑소르는 힘겹게 숨을 내쉬고 있었다. 그 작은 불쌍한 도마뱀은 다친 것 같아 보이지는 않지만, 겁에 질린 것 같았다.

"뚱뚱한 새라니!"

"그래서 네가 색깔을 잘 맞춰서 변화해야 해. 안 그래?" 그녀가 물었다.

"새들은 언제나 널 먹고 싶어 하잖아."

"난 새가 정말 싫어."

CHAPTER 4

거북 씨와의 논쟁

　로리는 '리커전 교차로'라고 쓰여 있는 팻말을 보고 왼쪽으로 꺾었다. 조금 낮은 언덕을 지나고 보니 그녀는 다시 친숙한 교차로에 서 있었다!
　"아까랑 같은 장소 같지 않아, 엑소르?" 로리가 물었다.
　"정말 똑같이 생겼는걸. 오른쪽으로 돌아볼까?" 엑소르가 말했다.
　그 둘은 오른쪽으로 돌았다. 그러나 곧 처음 시작했던 리커전 교차로가 다시 나타났다. 그녀는 두 번, 세 번, 그리고 스물일곱 번을 시도해 보았지만, 계속해서 리커전 교차로에 도달했다.
　"우리가 어디를 가려고 하든, 계속 같은 장소만 나오는걸. 이게 무슨 일이람?" 로리는 의문을 품었다.
　그들은 계속해서 같은 장소를 돌고…
　　… 돌고 …

… 돌고 …

　… 또 돌았지만 계속해서 같은 장소가 나왔다.

　그녀가 포기하려고 할 때, 어디선가 무엇이 깨지는 소리가 크게 들려왔다. 마치 쌓아둔 접시가 무너져 내리는 소리 같았다. 로리와 엑소르가 겁에 질려 놀랐을 때, 엑소르는 무의식적으로 로리의 셔츠와 같은 색으로 변화했다. 그들은 어디서 난 소리인지 찾으려 했지만 찾을 수 없었다. 신기하게도 다시 걷기 시작했을 때, 리커전 교차로가 아닌 새로운 길에 도착했다.

　그 길은 깔끔하고 곧게 뻗어 있었다. 그 도로를 따라 걷다 보면 끝없이 이어질 것만 같았다. 그때 저 앞에서 그리스 모자를 쓴 남자가 껍데기가 있는 커다란 초록색 동물을 타고 나타났다. (에포니머스는 분명 이 생물을 '거북이'라고 불렀을 것이다.)

　그 초록색 동물은 남자를 등에 태우고 매우 천천히 걸어가고 있었다.

　"저기요! 잠시만요!" 로리가 소리치며 달려갔다.

　"결국엔 누군가가 우리를 따라잡았구나!" 초록색 동물이 말했다.

　"불가능한 일이라고 생각했는데 말이야." 남자가 말을 했다.

　"안녕!" 초록색 동물이 로리에게 인사했다. "난 거북 씨야. 겸손한 거북이라고들 부르지." 그 동물은 너무 커서 평범한 거북이 같아 보이진 않았다. "이 옆은 존경받는 내 친구, 아킬레스야. 논리적인 거로 보면 세계 제일이지"

　"반가워요." 아킬레스가 거북 씨의 등 위에 앉아 인사했다.

"음, 안녕하세요. 제 이름은 로렌 입섬이에요."로리가 공손하게 인사하며 말했다.

"여기까지 어떻게 왔니, 꼬마 아가씨?"거북 씨가 물었다.

"저도 잘 모르겠어요."로리가 말했다. "우리는 심볼 도시로 가는 길을 따라가고 있었는데, 리커전 교차로를 만나 계속 돌고 있었어요."

"자주 일어나는 일이지. 넌 계속해서 네 꼬리를 붙잡기 위해 빙글빙글 도는 데 시간을 다 허비했겠구나."

"전 꼬리가 없는걸요."로리가 말했다.

"그렇다면 꼬리가 도망간 거로구나. 그렇지?"

"네?"로리가 물었다. "아니요, 전 꼬리를…"

"그렇다면 아마도 떼어냈던가."거북이가 말했다. "신경 쓰지 말거라. 네가 이 길을 따라왔으니, 어찌되었든 그 사실이 중요한 거란다. 네가 우리의 문제를 푸는 것을 도와줄 수 있겠니?"

"음, 노력은 해볼게요."로리는 지금 자신이 거북 씨와 서로 같은 이야기를 하고 있는 건지 의구심을 품으며 대답했다.

"아주 좋아!"거북 씨가 말했다. "내 사랑스러운 친구 아킬레스와 내가 마주한 문제는 바로 이거란다. 무한대로 이어지는 끈의 길이가 얼마나 될까?"

"무한대 길이의 끈이요? 무한대라는 말의 뜻은 정말, 정말, 정말, 정말로 길다는 뜻인걸요. 정말로요."로리가 말했다. 정말!

"오! 아가씨도 제 생각과 똑같군요."아킬레스가 말했다. "그 뜻은, 증거를 찾기 위해서는 그만큼 견뎌내야 한다는 것이에요."

"내 등 위에 앉은 아킬레스를 견뎌내는 것만도 힘들다구." 거북 씨가 툴툴거렸다.

"제 친구 거북 씨는 모든 것에 지혜롭지요." 아킬레스가 말했다. "하지만 이번엔 거북 씨가 완전히 틀렸어요. 거북 씨는 무한대로 긴 끈의 길이가 정확히 2미터라고 하는군요."

"어떻게 재야 2미터가 나오나요?" 로리가 물었다.

"거북 씨의 주장은 너무 터무니없군요." 아킬레스가 말했다. "우리는 계속해서 서로 의견이 충돌되고 있었어요."

"난 내 말이 맞다고 생각해." 거북 씨가 말했다. "난 단지 아킬레스, 자네처럼 좋은 두뇌로 생각을 오래 해봤을 뿐이라구. 자네의 이해력은 정말 뛰어나지 않은가."

"당신은 정말 착해요, 거북 씨."

"난 진심이었어." 거북 씨가 말했다. "한 가지 실험을 보여줄 테니 내가 해결한 이 질문의 해답에 대해 들어볼 텐가?"

"그럼요." 아킬레스가 말했다.

"무한대로 긴 하나의 끈이 있다고 가정해 보자구. 우리가 이 끈의 길이를 재려고 해. 이 꼬마 아가씨가 우리의 공정한 재판관이 되어줄 거야."

"알겠어요. 실험이라는 것이 단지 이론으로만 해결하는 것보다는 항상 더 낫지요." 아킬레스가 말했다. "그리고 공정한 재판관이라는 단어가 참 마음에 드네요. 그녀는 지금까지 제 의견에 동의해 주었으니까요!"

"좋아." 거북 씨가 말했다. "자, 꼬마 아가씨. 지금 이 앞에 셀

수도 없이 많은 끈이 놓여져 있다고 상상해 보자. 이 끈들을 가장 자리끼리 이어서 합쳐 놓으면, 전체의 끈의 길이는 무한대가 되겠지? 가설을 세워 보자면 그렇겠지?"

"네, 전체 끈들을 연결시킨 길이는 잴 수가 없을 거에요." 로리가 말했다.

"무한대는 말 그대로 무한대라는 거지요." 아킬레스가 말했다. "이건 단순한 논리일 뿐이라구요."

"자, 이번에는 이렇게 생각해 보자. 첫 번째로 잇기 시작하는 끈의 길이가 1미터인 거야." 거북 씨가 말했다. "그리고 이번에는 1/2미터짜리의 끈을 그 뒤에 이어 보자. 그렇다면 이 두 개의 길이는 어떻게 될까?"

"1미터 더하기 1/2미터는 1과 1/2미터이죠." 로리가 말했다.

"2미터보다는 작은 숫자인 거지?" 거북 씨가 물었다.

"예, 2미터보다 1/2미터 짧아요." 아킬레스가 말했다.

"여기까지는 모두가 동의하는군." 거북 씨가 말했다. "아마도 우리는 모두 똑같은 결론을 내게 될 거야."

"그건 확신할 순 없어요!" 아킬레스가 말했다. 로리는 거북 씨가 무슨 이야기를 하려고 하는지 알 수 없었지만, 아직은 거북 씨의 의견에 동의하지는 않았다.

"아킬레스, 자네는 계속해서 우리의 가설로 세운 끈들의 길이의 합을 계산해 주겠나? 이번에 나는 1/4미터 길이의 끈을 세 번째로 이으려고 하네." 거북 씨가 말했다. "이제, 우리는 전체 길이가 1과 3/4미터인 연결된 끈을 갖고 있지?"

아킬레스는 그의 헬멧 아래에 있는 낡은 공책을 꺼내 그림을 그려보았다. "그런 것 같네요." 그가 대답했다.

"이제 2미터가 되기 위해서는 1/4미터의 끈이 필요하지?" 거북 씨가 물었다.

"그렇지요." 아킬레스가 대답했다. "단지 1/4미터만 부족할 뿐이에요! 당신은 이제 곧 패배를 인정하게 되겠군요!"

"여기에서, 1/8미터의 끈을 또 이어 보자." 거북 씨가 말했다. "내가 2미터를 만들기 위해서는 아직도 빈 공간이 남아 있지?"

"네, 하지만 곧 패배를 인정하게 될 거에요!" 아킬레스가 그리스의 철학자처럼 심각한 고민을 담고 소리쳤다. "당신의 끈은 2미터가 되기까지 고작 1/8미터만 모자랄 뿐이고, 이제 겨우 4조각만 이었을 뿐인 걸요!"

"자네의 계산은 항상 틀리는 법이 없군그래, 아킬레스. 하지만 과학의 법칙에 따르자면, 끝까지 계속 해봐야 한다구." 거북 씨가 말했다.

"얼마 남지 않았어요." 아킬레스가 말했다. "이번엔 무엇을 또 이을 생각인가요?"

"이번에는 1/16미터의 끈을 합칠 걸세."

"끝났군요!" 아킬레스가 공책에 글자를 휘갈겨 쓰며 소리쳤다. "이제 정말 겨우 1/16미터밖에 남지 않았어요, 친구!"

"겨우라고?" 거북 씨가 말했다. "그렇다면 이번에는 1/32미터짜리의 끈을 이어 보고 싶군."

"원하는 대로 계속 이어 보세요, 거북 씨. 2미터까지는 고작

1/32미터밖에 남지 않았고, 당신에게는 무한대로 많은 끈이 있으니, 아직 그 전체의 끈을 뒤이을 것들이 매우 많은걸요!" 아킬레스가 말했다.

"다음으로, 1/64미터의 끈을 이어 보겠네." 거북 씨가 말했다.

"그 뒤에는, 1/128미터짜리 조각을, 그 조각의 뒤에는 1/256미터의 조각을, 그리고 나서는 1/512미터의 조각을 잇고, 그 다음에는…"

"천천히! 천천히 말해요, 거북 씨! 너무 빠르게 잇고 있는군요." 아킬레스가 말했다. "그리고 너무 큰, 아니, 너무나도 작은 숫자인걸요." 그는 그의 낡은 노트에 잠시 낙서를 하며 계산하였다.

"이제 2미터까지는 고작 1/512미터밖에 남지 않았어요. 이렇게 작은 숫자인데도 무시하지 않는다는 것이 참 유감이군요! 이제 포기하는 것이 어때요, 거북 씨?"

"아, 그렇네요!" 로리가 소리쳤다. "아킬레스 씨, 거북 씨가 맞았어요."

"무슨 말씀이죠? 우리가 이겨가고 있는 이 찰나에 갑자기 마음을 바꾸면 어떻게 해요!" 아킬레스가 울부짖었다.

"아니요, 전 거북 씨가 옳았다고 확신해요." 로리가 말했다. "자 이것 보세요. 거북 씨가 더하고 있는 모든 조각들은 그 이전에 붙였던 조각들의 절반 크기에요. 그렇게만 잇더라도 2미터까지는 계속해서 모자란 숫자가 나오는 거죠. 거북 씨가 무한대로 숫자를 더하더라도, 전체 끈의 길이는 절대로 2미터에 도달하지 못해요."

"음, 그렇다고 할 수 있지." 거북 씨가 말했다.

아킬레스가 얼굴을 찡그렸다. "거북 씨, 당신이 말했던 것은 증명하기 매우 힘들다고 판단이 되는군요. 이 판결에 대해 제가 혼자 한번 계산해 보겠어요." 그는 그의 공책에 숫자를 적어 더하기 시작했다.

+1/512미터
 +1/1,024미터
  +1/2,048미터
   +1/4,096미터
    +1/8,192미터
     +1/16,384미터
      +1/32,768미터
       +1/65,536미터
        +1/131,072미터
         +1/262,144미터
          ….

"무한대의 숫자를 계속해서 더하려면 시간이 오래 걸리겠군. 무한대까지 더할 수 있는 인내심을 가진 사람이 이 세상에 존재한다면, 그게 바로 아킬레스일 거야. 도움을 줘서 고맙군, 꼬마 아가씨."

"천만에요, 거북 씨." 로리가 말했다. "전 그렇게 큰 것이 매우 작아질 수 있다는 것을 전혀 몰랐어요."

"이것이 바로 2의 거듭제곱이란다." 거북 씨가 말했다. "만약 네가 숫자를 반으로 쪼갠다면, 그리고 또 반으로 쪼갠다면, 그리고 또 쪼갠다면, 얼마 지나지 않아 그 숫자는 눈에 보이기 어려울 정도로 매우 작은 숫자가 될 거란다. 하지만 아무리 쪼개도 0이 되진 않아."

"거북 씨, 혹시 이 길이 얼마나 길게 이어져 있는지 알고 있나요? 이 도로는 정말 끝없이 이어진 것 같아 보이는걸요. 전 지금 심볼이라는 도시에 가려고 하고 있어요."

"이 도로는 꽤 길단다." 거북 씨가 대답했다. "사실, 이 도로가 바로 무한대의 길이지."

"오, 안 돼! 제가 어떻게 해야 이 도로의 끝에 도착할 수 있을까요?"

"2가지 간단한 방법이 있지."

"어떻게요?"

"어떤 방법일 것 같니? 첫 번째로, 오른발을 디뎌 보렴. 두 번째 방법으로는, 왼발을 딛는 거지." 거북 씨가 말했다. "끝에 닿을 수 없을 것 같지만 이렇게 한발 한발 꾸준하게 가다 보면 결국 끝에 도달하게 된단다. 네가 어떻게 세상을 바라보느냐가 가장 중요한 거란다. 이것이 바로 전체를 이해하는 방법이란다."

당연한 말이었다! 만약 무한대의 끈이 2미터보다 작다면, 같은 논리로 무한대의 도로도 분명히 두 발자국보다 짧을 것이다. 로리는 눈을 감고 깊게 숨을 들이쉬었다. 그녀는 무한대의 도로를 상상하기 위해 노력했다. 무한대의 도로를 상상하기에는 너무나도 길어 보였지만, 대신에 그녀는 매우, 매우, 매우, 매우 긴 도로를 상상했다. 그러고 난 뒤, 그녀는 그 도로를 반으로 접는 것을 상상했다. 그리고 그녀는 그 도로를 한 번 더 접고, 또 접고, 접고, 또 접었다.

로리가 눈을 떴을 때, 아킬레스와 거북 씨는 사라지고 보이지 않았다. 무한대의 도로는 돌다리를 한 발자국 딛는 것보다 작은, 매우 작고 짧은 길로 변해 있었다. 그녀는 오른발을 디뎌 걷고, 왼발을 디뎌 앞으로 걸어나갔다. 그녀의 앞에는 도로의 표지판이 놓여 있었다.

그 표지판에는….

CHAPTER 5

심볼 도시로

 심볼 도시는 아주 높고 매끈한 벽으로 둘러싸여 있었다. 이 도시 양 옆으로는 개울이 갈라져 흐르고 있다
 "넌 이곳에 대해 아는 게 있니?" 로리가 물었다.
 "여기 사람들은 조금 이상해." 엑소르는 답했다.
 "그게 무슨 뜻이야?"
 "곧 알게 될 거야."
 길은 ㅑ처럼 생긴 문의 입구로 이어졌다.
 입구는 로리와 비슷한 또래의 남자아이 두 명이 문을 지키고 있었다. 한 남자는 밝은 흰색의 정장과 검은색 셔츠를 입고 있었다. 다른 남자는 밝은 검은색 정장과 흰색 셔츠를 입고 있었다.
 '저들이 나에게 넌센스 퀴즈를 낼지도 몰라.' 로리는 생각했다.
 '아니면 누가 거짓말을 말하고 누가 진실을 말하는지 맞춰야 할 수도 있어!' 이처럼 로리는 동화에서 있을 법한 것을 상상하였다.

로리는 문지기들의 행동을 잘 관찰하면 그 문을 어떻게 들어가는지 알아낼 수 있다고 굳게 믿고 있었다.

"이름이 뭐냐?" 한 남자가 말했다.

"로리 입섬이요."

"암호는?" 다른 남자가 물었다.

"왜요? 전 암호를 몰라요." 로리가 대답했다.

"그럼 넌 못 들어와!" 두 남자는 동시에 외쳤다.

"그건 넌센스 퀴즈가 아니잖아요."

"뭐라고? 넌센스? 하하… 여기서는 그렇게 순진하게 들어가게 하진 않아. 여기선 넌센스 퀴즈도, 내기나 거짓말, 그리고 진실도 없어. 우리도 그런 동화책들은 읽었다고, 그렇지 톨렌스?"

"그래 읽었지, 포넨스. 우리 도시엔 동화 같은 것들은 없어. 말장난과 넌센스라니, 하! 그럼 보안이 너무 안 좋잖아!"

"그건 불공평해요!" 로리는 외쳤다. "어떻게 하면 들어갈 수 있죠?"

"매우 간단해." 포넨스가 말했다. "암호가 없다는 건 네가 이 문을 지나갈 수 없다는 거와 같아."

"네가 이 문을 지나갈 수 없다는 것은 네가 암호가 없다는 말이지. 이해하기 쉽지?" 톨렌스가 말했다. "그래서 넌 암호가 있니?"

"아니요, 전 몰라요." 로리는 대답했다.

"그럼 넌 들어올 수 없어!" 그 둘이 동시에 말했다.

"힌트라도 주세요." 힌트가 있으면 맞출 수 있을 거라고 로리는 확신했다.

"알겠어, 다행히 이 도시에는 힌트가 있지." 포넨스가 말했다.

"좋아. 너 계정에서 힌트를 설정했었니?" 톨렌스가 물어봤다.

"아니요." 로리는 대답했다. "전 여기를 처음 와 봐요."

"미안하지만 오늘은 안타까운 날이 되겠네, 아가씨." 포넨스가 얄밉게 대답했다. "다음부터는 한 번 들어오면 꼭 힌트를 설정해."

"그리고 어렵지만 네가 기억할만한 암호를 설정하는 것도 잊지 말고." 톨렌스는 말했다. "이것이 좋은 보안을 유지하는 방법이야."

"저는 단지 안으로 들어가려고 하는 것뿐이에요! 방법을 알려주세요!"

"매우 간단해." 포넨스가 말했다. "암호가 없다는 건 네가 이 문을 지나갈 수 없다는 거와 같아."

"그리고 네가 이 문을 지나갈 수 없다는 것은 네가 암호가 없다는 말이지. 이해하기 쉽지?" 톨렌스가 말했다.

"그 말이 완벽하게 옳지는 않죠?" 로리는 말했다. "문이 고장 났다면 어떻게 되죠? 암호가 있어도 들어갈 수 없을 것 아니에요."

"음…" 톨렌스는 불확실한 표정을 지었다.

"아니면 제가 암호를 모르지만 암호를 알고 있다고 당신을 완벽히 속이면 암호 없이 들어갈 수 있는 것 아닌가요?"

"흠…" 포넨스는 로리의 주장에 오류가 있기를 바라는 듯 심각한 고민으로 얼굴을 찌푸렸다.

이를 놓치지 않고 로리는 쉴 새 없이 말했다. "아니면 제가 암호

를 알고 있지만 알려주기 싫다면요?"

"아니, 그래도 넌 우리 도시에 발을 들일 수는 없어." 포넨스는 더 확신에 찬 말투로 말했다. "네가 알려주는 암호는 네가 알려준 이름과 동일해야 돼."

"로리인가요?" 그녀는 추측했다.

"아니!" 그들은 같이 외쳤다.

"그럼 11월 1일인가요?" 이것은 로리의 생일이었다.

"아니!" 그들은 또 외쳤다.

"기회는 딱 한 번 더 남았어 아가씨." 톨렌스가 말했다.

"안 돼! 정말이요?"

"기회는 몇 번 없어. 그게 좋은 보안이지."

"제 계정이 있기는 한가요?" 그녀는 의아해했다.

"우리는 그것에 대해 확인하거나 거부도 할 수 없어." 포넨스가 대답했다. "그건 좋지 않은 보안이겠지."

"그럼… 전 계정이 없는 건가요?"

"우리는 그것에 대해 거부하거나 확인도 할 수 없어!" 톨렌스는 대답했.

"이건 매우 간단해."

"네, 네." 로리는 말을 가로막았다. "내가 계정을 갖고 있다면 난 알고 있을 거야. 그러나 갖고 있지 않다면 넌 알려줄 수 없지. 그리고 내가 미리 설정해야 나에게 힌트를 알려줄 수 있지!" 이건 매우 좋은 보안이었다. '생각해 봐, 로리, 생각해!'

"알겠어요, 다시 시작해 보죠." 그녀는 말했다.

"좋아요 아가씨." 톨렌스가 말했다. "이름이 뭐죠?"

"제가 말했잖아요, 로…" 그녀는 스스로의 답을 멈췄다. "사실은… 제 이름은 에포니머스 바흐예요."

"암호는?" 포넨스가 말했다.

'이렇게 간단할 수는 없잖아, 아닌가?'

"바흐 암호." 로리가 확신에 차진 않지만 힘이 있는 목소리로 대답했다.

"어서 와! 환영해!" 포넨스와 톨렌스는 그녀를 반기며 말했다.

'당연히 바흐는 그녀의 이름으로 비밀번호를 지었겠지!'

CHAPTER 6

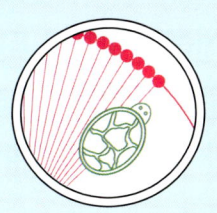

팅커의 제안

로리가 안전하게 도시로 들어갔을 때 그제서야 엑소르가 로리의 주머니에서 머리를 내놓았다.

"내가 한 말 알겠지? 우리가 여길 들어오기 위해 무엇을 했는지 그들이 알아차리지 말아야 될 텐데⋯."

엑소르가 말했다. "음⋯ 그래서 우리가 여길 왜 왔지?"

"내가 집에 갈 수 있도록 도움이 될 만한 정보를 찾고 있잖아. 지도라도 있나 한번 둘러보자."

"아," 도마뱀이 말했다. "나는 네가 음식을 찾고 있길 원했는데 아쉽네. 우선 우리 여기 한 번 들어가 보자."

그들 앞에는 창문에 화려하게 그려진 가게 간판이 보였다.

N. 베터레이트 팅커
알고리즘과 앱스트랙션
팔고 사고 교환해요!

"알-고-리-즘… 무슨 과일 이름 같은데?"

"엑소르, 넌 그렇게 항상 배가 고프니?"

"시간은 훅훅 지나가는데 내 눈앞에는 바나나가 날아다니는 것 같아. 여기에 초파리들이 골칫거리인지 확인해 보자. 내 혀로 해결해 줄 거야."

로리가 문을 여는 순간 종이 울렸다. "안녕하시우!" 가게 주인은 친절하게 인사했다. "가게에 들어온 걸 환영하네. 나는 팅커라고 해. 너희는 아주 잘 만들어진 알고리즘을 찾으러 왔지?"

로리는 메뉴판에 적힌 물품 목록들을 살펴봤다. 하지만 목록은 이해가 되지 않았다.

-판 매-	-구 입-
가지치기	21만
볼록 봉투	~~푸엥구+근~~
카르마카스방법	P와 NP 문제

"음… 알고리즘이 뭐죠? 먹을 수 있나요?" 로리가 물었다.

"뭐라고? 아니, 이건 그냥 무언가를 하는 방법을 멋있게 표현하는 거야. 그래서 알고리즘은 칠판에 적어 놓았을 때 더 멋있어 보이지." 팅커가 말했다.

엑소르는 실망에 찬 표정으로 선반에 있는 오렌지를 만지작거렸다.

"무언가를 하는 방법이라…." 로리가 따라 말했다. "그렇다면 모든 도시를 모두 다 돌 수 있는 좋은 방법을 찾고 싶어요."

"참 흥미로운 문제구나. 지금까지 네가 해온 방법은 어땠니?"

로리는 팅커 씨에게 검붉은 숲에서의 모험과 에포니머스 바흐와의 이야기를 했다.

"해밀턴에 가는 방법?" 팅커 씨는 말했다. "그건 참 어렵구나. 네가 말한 그 떠돌이 상인은 좋은 사람인 것 같아서 이렇게 말하고 싶지는 않지만, 아무래도 네가 만난 그 상인의 말처럼 도시를 모두 돌기까지는 아주아주 오랜 시간이 걸릴 것 같구나."

"안 돼요! 전 집에 빨리 가고 싶어요…. 하지만 왜죠?"

"네가 항상 지금 마을에서 제일 가까운 마을로만 옮겨 다닌다면 그 마을보다 조금 더 먼 마을은 못 갈 수도 있잖니. 이렇게 다른 가까운 마을을 갈 때마다 네가 놓친 마을들은 점점 멀어지게 되겠지. 이러면 결국 네가 놓친 마을들을 다시 돌아가기 위해 전국을 왔다갔다해야 할 거야."

"그 방법으로 집에 가기는 매우 힘들 것 같아요…." 로리는 말했다. "떠돌이 상인의 방법은 별로 효율적이지 않았네요! 그럼 집에 가는 제일 빠른 길은 어떻게 찾죠?"

"여기 어떤 물건들이 있나 한 번 살펴보렴. 그런데 어떤 거는 사려면 조금 비쌀 수도 있어."

"전 지금 돈이 별로 없어요." 로리는 말했다. 로리는 가방에서 25센트 몇 개를 꺼내 팅커 씨께 보여드렸다.

그는 그걸 보고 놀라서 대답했다. "센트랑 달러? 달러라는 화폐는 생전 처음 보는구나. 이게 네가 사는 세상에서 쓰이는 돈이니?"

"물론이죠! 이건 75센트에요."

"센트? 우리는 페어 코인을 써."

"페어 코인이 뭔데요?"

"음, 크기는 페어 코인이 너의 센트보다 조금 더 큰데 이렇게 예쁘진 않아! 이 동전은 던졌을 때 정확히 50대 50의 확률로 앞면이나 뒷면이 나오기 때문에 넌 이 동전이 페어 코인이라는 걸 쉽게 알 수 있을 거야."

"25센트 동전도 50대 50의 확률로 나와요!"

"그것도 맞을 수 있겠지만 그 말을 그대로 믿을 수는 없을 것 같은데, 아닌가? 하여간 모든 페어 코인들은 공평하게 확인되야만 해."

로리의 얼굴은 걱정으로 가득 찼다.

"너무 걱정하진 마! 난 너를 돕고 싶단다." 팅커 씨는 친절한 목소리로 말했다.

"그럼 우리 서로의 것을 교환하자꾸나. 사실 내가 이 상점에 있는 이유는 특정한 알고리즘을 찾기 위해서야."

"저는 아무 알고리즘도 없어요." 로리는 말했다.

"그건 문제가 되지 않아." 팅커 씨는 말했다. "네가 머리만 쓰면 원할 때 언제든 알고리즘을 만들 수 있단다."

"제가요? 어떻게요?"

"글쎄, 모든 사람들은 자기만의 스타일이 있지. 조그만 아이디어들 여러 개가 모여 큰 아이디어를 만들 수 있지. 아니면 아이디어 두 개를 놓고 비교를 해도 되고. 혹은 큰 아이디어 한 개를 나눠서 여러 아이디어로 만들 수도 있단다."

"에포니머스가 하는 것처럼요?"

"맞아, 그녀는 정말 잘 만들지."

로리는 에포니머스가 혼자서 그렇게 많은 일을 할 수 있을 거라고는 미처 생각하지 못해서 놀랐다. 하지만 팅커 씨는 대수롭지 않게 생각하는 듯 보였다.

"그럼 뭘 하면 되죠?"

"내가 찾는 알고리즘은 원을 그리는 알고리즘이야." 팅커 씨는 손으로 동그라미를 그리며 말했다.

"너의 상상력을 이용하지 않으면 힘들 거야. 여지껏 포넨스랑 톨렌스를 포함한 많은 어른들에게 물어봤는데 다들 X 제곱 더하기 Y 제곱 얘기만 중얼거리더라고.", "이걸 한 번 보렴." 그는 로리에게 초록색 거북이 형태의 태엽 장난감을 건네줬다. "이 거북이는 세 가지를 할 수 있어. 앞뒤로 움직이거나, 옆으로 돌거나, 조그마한 점을 종이에 그릴 수 있지."

"꽤 멋진데요?"

"그렇지, 근데 문제는 다른 일들을 못해. 하지만 여기서 알고리즘이 빛을 발하지."

팅커 씨는 종이를 꺼내 시처럼 보이는 글귀를 적었다:

> 앞으로 1센티미터.
> 점을 찍고.
> 5번 반복하라.

그런 후 그는 거북이의 태엽을 감아 시가 쓰인 종이 위에 놓았다. 거북이는 지이잉 소리를 내며 기어갔다. 그러곤 시에 적혀 있는 대로 1센티미터마다 점을 찍으며 앞으로 기어갔다.

"보이지? 조그만 아이디어들을 모으면 이렇게 큰 아이디어가 돼." 팅커 씨는 말했다. "그리고 이것들을 또 합쳐서 더 큰 아이디어를 만들 수 있지."

"그걸 어떻게 해요?" 로리는 물었다.

"이름을 지어주면 돼. 이름을 손잡이처럼 사용하는 거지. 냄비에 들어 있는 수프도 손잡이로 움직이는 것처럼 모든 아이디어를 이름으로 움직이면 돼. 봐봐, 첫 번째 아이디어를 '선'이라고 불러보자. 그리고 네 개의 선을 합치면 사각형을 만들 수 있어."

선:
앞으로 1센티,
점을 찍고,
5번 반복하라.

사각형:
선을 긋고
오른쪽으로 돌고,
4번 반복하라.

사각형을 만드시오.

조그만 거북이는 지이잉 소리를 내며 아래와 같이 그렸다:

로리는 무척이나 놀랐다. 이건 마법과도 같았지만 모든 과정들이 논리적이었다.

"자, 이제 거북이가 무엇을 할 수 있는지 알았으니 원을 그릴 수 있도록 만들 수 있겠니?"

"모르겠어요. 그래도 시도는 해보고 싶어요!" 로리는 외쳤다.

"그래, 그것으로 충분할 것 같구나. 여기 내 책상에서 해봐. 종이랑 컴퍼스 같은 것들은 많이 있으니 원한다면 사용하렴."

로리는 팅커 씨의 책상에 앉았다. 로리는 거북이와 컴퍼스를 만지작거리며 원에 대해 자신이 무엇을 아는지 고민했다.

원은 둥그스름하지. 아냐, 그냥 둥그스름한 정도가 아니고 완벽히 동그래. 종이 가운데에 컴퍼스 핀을 꽂고 연필을 돌리지. 더 크게 그리려면 컴퍼스 각도를 더 넓히면 돼, 작은 원을 그리려면 좁히면 되고. 연필을 돌리는 도중에 컴퍼스의 각도를 바꾸면 원을 그리지 못하고 ….

갑자기 아이디어가, 아니면 기억에 더 가까울지도 모르는 아이디어가 머릿속에 떠올랐다.

'원의 어떤 곳이든 원 가운데와의 거리가 똑같지. 흠, 만약에…'

앞으로 1센티미터,
점을 찍고,
뒤로 1센티미터,
오른쪽으로 살짝 돌고,
반복하라!

시를 적은 후 로리는 조그마한 거북이의 태엽을 감고 종이 위에 올려놨다. 다시 한 번 지이잉 소리를 내면서 아래와 같이 그렸다.

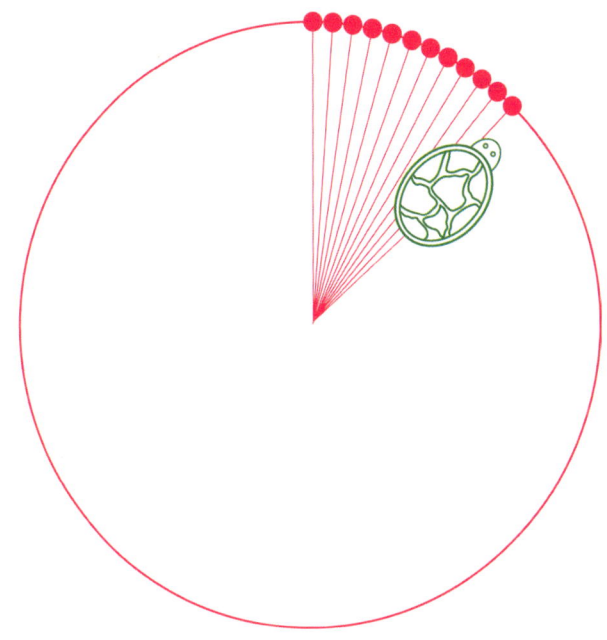

"된다!" 로리는 팅커 씨를 불렀다. "어, 그런데 멈추질 않네."
거북이는 원을 끊임없이 그린 자리에 그리고 또 그리고 있었다.
"아마 네가 몇 번 반복하라고 하지 않고, 그냥 반복하라고만 해서 그런 것 같아." 팅커 씨는 말했다.
"그래도 원을 완성하면 멈춰야죠." 로리는 말했다.
"이 거북이는 원을 이해하고 그리는 것이 아니야." 팅커 씨는 말했다. "그저 장난감 거북이일 뿐이잖아, 그렇지? 네가 가르쳐줘야 하는 거야."
로리는 조금 더 생각한 후 시를 다시 썼다.

원:
앞으로 1센티미터,
점을 찍고,
뒤로 1센티미터,
오른쪽으로 1도 돌고,
360번 반복하라.

로리는 원을 자기가 원하는 어떤 크기로든 그릴 수 있다는 사실을 알았다. 그저 컴퍼스의 각도를 더 넓히는 거였다.

원-2:
앞으로 2센티미터,
점을 찍고,
뒤로 2센티미터,
오른쪽으로 1도 돌고,
360번 반복하라

"이거 흥미롭구나. 열심히 노력하고 있네!" 팅커 씨는 머리를 긁적거리며 말했다. "하지만 이대로는 아직 만족스럽지 않아."
"왜요?"
"사람들은 정말 다양한 원들은 원한단다. 그들을 위해 난 다양한 크기의 알고리즘들을 갖고 있어야 할 거야. 어떤 사람들은 3과 9/13센티미터나 4와 3/4센티미터의 원을 원할 수도 있으니깐."

"그럼 거북이한테 얼마나 큰 원을 그리게 할지 알려주면요?" 로리는 말했다.

"이렇게요."

> 원-무작위 (크기?)
> 앞으로 크기? 센티미터,
> 점을 찍고,
> 뒤로 크기? 센티미터,
> 오른쪽으로 1도 돌고,
> 360번 반복하라!

"그러고 나서," 로리는 말했다. "**원-1**이나 **원-2**라고 하지 말고 **원-무작위(1)**이나 **무작위 (2)**, 심지어 **무작위 (1-7-11)**라고 하는 거에요!"

"아주 좋은 아이디어인 것 같구나. 그게 훨씬 간단하네." 팅커 씨는 말했다. "나는 네가 우리 상점을 원으로 가득 채울까 봐 걱정했단다! 하하"

"그런데 있잖아요, 거북이가 아까 사각형을 그릴 때와 달리 원을 그리는 것은 너무 오래 걸리는 것 같아요." 로리는 말했다.

사실이었다. 거북이는 매번 원의 가장자리까지 갔다가 점을 찍고 다시 중심으로 기어갔으니 오래 걸릴 수밖에 없었다. 작은 원들은 크게 상관 없었지만 큰 원을 그리려면 무척 오래 걸렸다.

"흠…" 팅커 씨는 고민했다. "점을 찍는 것보다 가운데로 왔다갔다하는 시간이 너무 길군. 이렇게 낭비되는 시간을 줄일 수 있을 것 같니?"

'이용할 수는 있지만 합리적이지 않다.' 로리는 생각하고, 종이에 끄적거리고, 생각하고, 끄적거렸지만 어떻게 해야 더 합리적이게 만들지 생각이 쉽게 떠오르지 않았다.

'거북이가 원의 중심으로 돌아가야만 원의 테두리가 어디 있는지 알잖아. 그렇지?'

로리는 방을 둘러보았다. 엑소르는 전구 주변을 천천히 돌고 있는 나방을 주시하고 있었다. 엑소르의 피부는 천천히 빨간색에서 노란색으로, 그리고 다시 빨간색으로 변하고 있었다. 나방은 돌고 또 돌았다. 마치 최면을 거는 것처럼. 빙글 빙글 빙글 빙글….

'맞아! 나방이 전구 주변을 돌기 위해 굳이 전구 중심으로 가지 않아도 된다면 거북이도 갈 필요 없다는 말이잖아?'

로리는 아이디어를 잊기 전에 깨끗한 연필을 집어 종이에 시를 적기 시작했다.

'새로운 것에 이름을 붙이는 걸 잊지 마.'

원-나방 (크기?)
앞으로 크기? 센티미터,
점을 찍고,
오른쪽으로 1도 돌고,,
360번 반복하라

원-나방 만들기 (1)

거북이는 지이잉 거리며 그리기 시작했다. 1센티 앞으로 가고, 점을 찍고, 살짝 돌고, 1센티 움직이고, 점을 찍고… .

"앗, 원이 너무 크잖아! 더 작은 숫자를 넣어 볼게요." 로리는 딱히 생각나는 작은 숫자가 없어서 예전에 거북 씨에게서 들었던 숫자를 사용했다. 1과 2/3센티미터.

"이제 훨씬 낫군." 로리는 말했다.

"어디 한 번 보자." 팅커 씨는 로리의 거북이를 신기한 듯 바라보았다. "우와 조그만 녀석이 달리는 것 좀 봐!"

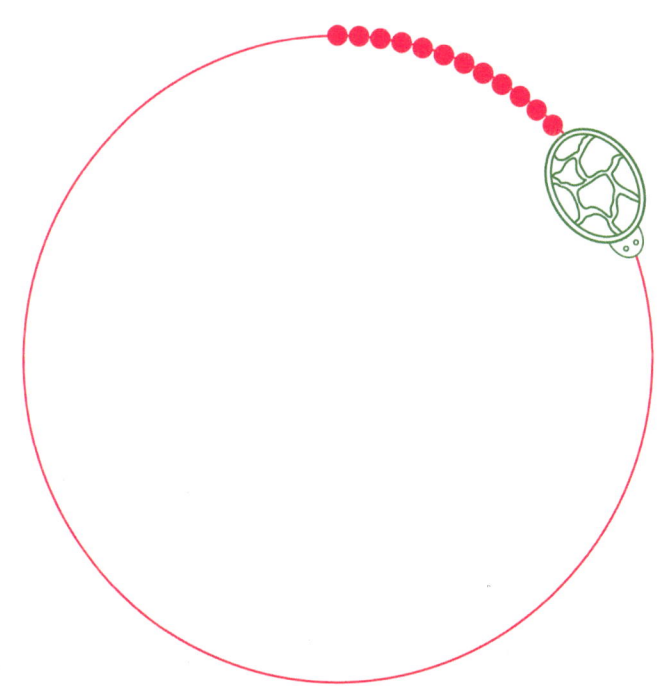

"너무 재미있었어요." 로리는 말했다. "이렇게 무언가를 하되 다양한 방법들을 만들 수 있는 줄은 몰랐어요."

"방법은 무궁무진하지. 보통은 그 방법을 생각해낸 것이 네가 최초는 아닐 수 있지만 결과만 좋다면 무슨 상관이겠어. 자, 이제 우리의 거래를 마무리 지어야지."

"제일 빠른 길을 찾았나요?" 로리는 물었다.

"사실을 말하자면 아니란다. 실망스럽겠지만, 네가 하려는 그 방법은 불가능해."

"불가능이라니요?"

"음, 엄밀히 말하면 거의 불가능해. 모든 마을을 방문하는 방법은 매우 많지. 네가 알고리즘들을 만들어서 거북이가 모두 다녀보게 해서 확인해 보는 게 어때?"

"좋아요!" 로리가 대답했다.

"유저랜드에는 21개의 도시가 있지. 몇 개의 경로들이 있을 것 같니?" 팅커 씨가 물었다.

"모르겠어요." 로리가 대략 어림잡아 대답했다. "100개 정도?"

"훨씬 더 많아."

"음, 백만 개요?"

"그거에 만에 만 배는 곱해야 할 거야!" 팅커 씨는 말했다.

"그게 정말이에요?"

"자, A, B, C라는 마을들이 있다고 가정해 보자. 넌 지금 A에 있어. 그럼 넌 B랑 C로 가는 것만 생각해야겠지? 갈 수 있는 길은 몇 개지?"

"음…" 로리는 고민했다. "B에서 C로 가거나 C를 먼저 가서 B로 가는 두 가지 길이 있겠네요."

"그렇지! 하지만 BC는 CB의 거리랑 똑같아, 방향만 다를 뿐. 모든 길들은 이렇게 중복되는 길들이 있어. 그러니깐 3개의 마을밖에 없다고 가정한다면 모든 마을들을 갈 수 있는 길은 한 개뿐이지. 자, 4개의 마을이 있다면 어떻게 될까?"

로리는 손으로 세보았다. "BCD로 가거나 BDC, CBD, CDB, DCB, … DBC. 6개! 아니 3개요."

"그렇지 그건 3배나 많은 거네. 도시 하나를 더 추가하면 12배가 많아." 팅커 씨는 계속 설명을 이어갔다. "6개의 도시라면 60개의 길이 생기지. 도시가 한 개씩 늘어날 때마다 길들은 아주아주 많아지지!"

도시 3개 : 2 ÷ 2 = 1

도시 4개 : 2 X 3 ÷ 2 = 3

도시 5개 : 2 X 3 X 4 ÷ 2 = 12

도시 6개 : 2 X 3 X 4 X 5 ÷ 2 = 60

도시 7개 : 2 X 3 X 4 X 5 X 6 ÷ 2 = 360

도시 8개 : 2 X 3 X 4 X 5 X 6 X 7 X ÷ 2 = 2,520

도시 9개 : 2 X 3 X 4 X 5 X 6 X 7 X 8 ÷ 2 = 20,160

"도시가 21개라면 2 곱하기 3 곱하기 4 곱하기 … 쭉 20까지 곱해야겠네. 이러면 말도 안 되게 큰 숫자가 되지!"

2 X 3 X 4 X 5 X 6 X 7 X 8 X 9 X 10 X 11 X 12 X 13 X 14 X 15 X 16 X 17 X 18 X 19 X 20 ÷ 2 =
1,216,451,004,088,320,000

"와!!" 로리는 놀라서 눈이 동그래졌다.
"사실이야!" 팅커 씨는 답했다. "저 '1 곱하기 2 곱하기 3 곱하기'를 적으려면 너무 오래 걸려. 그래서 저걸 다 간편하게 나타내기 위해 느낌표를 사용하면 된단다."

20! ÷ 2 = 1,216,451,004,088,320,000

"하지만 그건…." 로리는 쉼표를 세며 말했다. "백만의 백만의 백만이 되는 길들보다 많은 거잖아요!"
"저 수많은 길 중에서 어느 한 길이 제일 빠른 길이겠지." 팅커 씨는 말했다. "그런데 제일 빠른 길을 찾을 만한 방법은 모르겠네."
"저 길들을 다 확인하기 위해 모두 돌아다니다 보면 전 늙어버려 집에도 못 갈 거에요. 더 좋은 방법이 있지 않을까요?"
"아 그래, 그게 바로 좋은 고민이란다!" 팅커 씨는 말했다. "나는 오직 정확한 답들만 다룬단다. 퍼뮤트라는 도시에 아주 똑똑한 알고리즘을 만드는 사람이 있단다. 이름이 휴 러스틱이라는 사람인테 그는 좋은 해결 방법들을 다루지. 난 항상 내가 가진 제일 어려운 문제들을 그 사람에게 보내서 해결해 달라고 한단다. 그 사람이 널 도울 수 있도록 내가 너에게 추천서를 적어줄게.

CHAPTER 7

나를 읽어 봐

　로리와 엑소르는 퍼뮤트로 가는 길에 피부가 빨갛고 머리에 뿔이 달린 사람과 마주쳤다. 그는 가죽 재킷을 입고 오토바이를 타고 있었다. 오토바이 뒤에는 소포와 편지봉투로 가득 찬 큰 가방이 놓여 있었다.
　"안녕하세요, 당신은 누구세요?" 로리가 물었다.
　"난 당연히 데몬이지. 그럼 누구겠니? 잠깐만, 너에게 온 메시지가 여기 어디 있었는데 말이야." 그는 그의 가방을 뒤적거리더니 흰 봉투를 꺼내 로리에게 건넸다. 로리가 그 봉투를 열자 편지지에는 매우 이상한 글귀의 내용이 적혀 있었다

> 가겜 쉬련, 쉭맥
> 더힘졸 재두캬 롣댜 캬피 쥐젹늘 벨벤느 골 꼬.
> 돼재팬드니뎌 혼주 골댜쵸빈 갸문제아네요. 푸리고 재챠 구겨를 괩읍 먀저 구쟝봬디쳥 져어 돕혀 벙탄진 래튀교니 괘딜…

"이거 정말 저에게 온 메시지가 맞나요?"
"너 생각엔 네가 로리가 아닌 것 같니?"
"음… 맞긴 하는데요."
"그럼 이건 너에게 온 거겠지." 데몬이 말했다.
"난 다른 사람에게 잘못 배달한 적이 없단 말이다."
"어떻게 제가 로리인지 아시는 거에요?"
"그럼 넌 네가 로리인지 너 스스로 어떻게 알았니?"
"왜냐하면, 제가 로리니깐요!"
"그렇지? 나의 답도 그 이유처럼 단순하지"
"하지만 전 이 편지를 읽을 수 없는걸요." 로리가 머리를 갸웃거리며 말했다. "이게 무슨 뜻인가요?"
"너 몇 살이니? 글 읽을 줄 몰라?" 데몬이 대꾸했다. "글도 모르다니, 부끄러워할 줄 알아야지!"
"하지만…."
"다른 나라의 아이들은 두 살 때부터 벌써 글을 읽는 연습을 하고 있다는 것은 알고 있니?"

"글자는 읽을 수 있지만, 이건 해석이 안 되는 걸요. 내용이 엉망진창이에요."

"그건 말야…." 데몬이 그의 장갑을 벗으며 말했다. "내 문제가 아닌 것 같은데 말이지."

"하지만…"

"우편물을 받을 거야? 아니면 다시 반송시킬까?"

"어… 네, 그런데…"

"어-네-그런데, 아가씨, 잘 봐. 나는 우편배달부야. 나는 콜로넬을 위해 일을 한다구. 내 역할은 편지를 배달해 주는 것이지. 편지에 무엇이라고 쓰여 있는지는 내 상관할 바가 아니야. 좋은 하루 보내라구!" 데몬은 다시 오토바이를 타고 흙먼지를 날리며 서둘러 다른 곳으로 달렸다.

"아야!" 데몬의 오토바이에서 날려온 먼지를 뒤집어쓴 로리가 소리쳤다. "이봐요!"

"그게 뭐야, 로리?" 로리의 주머니 속에서 낮잠을 자고 있던 엑소르가 일어나 물었다.

"나에게 온 편지래." 로리가 말했다. "그런데 무슨 소리인지 하나도 이해가 안 되는걸."

"비밀의 편지구나!" 엑소르가 기대에 찬 눈빛으로 말했다. "우리 엄마의 이복 형제가 크립토사우르스인데, 넌 정말 행운아구나."

"무슨 사우루스?"

"크립토사우르스. 크립토사우르스들은 모두 비밀 문자를 해독

할 줄 알지. 어디 한 번 볼까?" 엑소르는 편지의 내용을 자세히 보기 위해 편지 가까이 얼굴을 들이댔다. 흰 종이 위에 엑소르가 올라가자, 그는 검은색으로 변하였다.

"흠, 이거 참 어려운 내용인걸. 난 이 문자를 전혀 해독하지 못하겠어."

"그런데 너 왜 그걸 거꾸로 들고 보는 거야?" 로리가 물었다.

"음, 어, 물론, 가끔 비밀 문자는 이렇게 거꾸로 보기도 해야 해." 멋쩍은 듯 엑소르는 뒤통수를 긁적이며 편지를 제대로 들고 읽기 시작했다.

"자, 이제 천천히 읽으면서 실마리를 찾아보자. 더… 힘 좀 재두카 룐다…" 엑소르는 글자 위를 지나갈 때마다 몸이 물결무늬로 변하였다. "…벨벤느 골…"

"엑소르, 잠깐 기다려 봐." 로리는 무언가 특이한 것을 발견한 듯 말했다. "앞부분으로 다시 올라가 볼래?"

"이렇게?"

"응. 그 위에서 다시 잘 생각해 봐."

"알겠어. 뭔가 보여?" 그가 말했다.

"네 피부 말이야. 아, 이제 글자를 읽을 수 있을 것 같아."

엑소르가 제대로 서 있을 때, 흰 종이에 검은 글씨로 적힌 '가겜 쉬런, 쉭맥'이라는 글자가 '로렌 입섬, 안녕'이라는 글자로 색깔이 대비되어 비쳤다.

"네 피부가 이 문자들을 해독해 주고 있어!"

"진짜? 아니…, 내 말은…, 내가 말했지! 우리 종족은 문자 해독을 잘한다구!"

"넌 진짜 멋져, 엑소르! 조금 더 종이에 붙어 볼래?"

"더 달라붙었다가는 종이 뒷장으로 넘어가겠어!"

그 둘은 한 글자씩 내용을 해석하기 시작했다. 그러나 그 이상으로는 내용이 이해가 되지 않았다.

> 로렌 입섬. 안녕!
> 의심할 여지도 없이 너는 오랜 기간을 통틀어 볼 때, 유저랜드에서 가장 흥미로운 방문객이야. 하지만 네가 하려는 것을 계속 도전한다면 그에 앞서 귀찮은 방해꾼이 생길 것이고 그걸 해결하기 위해 많은 노력이 필요하단다. 기억하렴, 지도는 영토가 아니란다!
>
> 너의 충실한 대리인, 콜로넬 트랩으로부터

"도전하고 방해꾼? 지도는 영토가 아니라니? 이게 무슨 소리지?" 로리가 물었다.

"내가 언젠가 어떤 왕에 대한 이야기를 들은 적이 있어. 왕은 그 나라의 영토의 가장 완벽한 지도를 항상 만들고 싶어했다고 하던데." 엑소르가 말했다.

"언제부터 지도를 만들었대?"

"왕들은 자기 힘을 믿고 항상 멍청한 것들을 원하지. 세상의 모든 내용이 담긴 책이나, 세상에서 가장 긴 마차 같은 것들 말이야." 그가 말했다. "이 왕은 그의 왕국 크기만 한 완벽한 지도를 만들고 싶어했대. 그래서 왕국 지도 제작자는 그 지도 안에 조약돌이나 꽃들의 모습과 위치까지 모두 다 그려야 했지. 그 지도를 만드는 데에만 7년이 걸렸어. 그런데 그게 큰 문제였던 거야!"

"왜? 무슨 일 있었어?" 로리가 물었다.

"이름은 지도인데, 지도의 역할을 못한 거야. 두 장소의 거리를 재기 위해서 지도 제작자들은 지도 위에서마저 정확하게 그 거리만큼 여행해야 했어." 작은 도마뱀 엑소르가 모든 것을 아는 양 잘난 척 말했다. "거리를 재는 데 걸리는 시간이 직접 그곳으로 걸어가는 시간과 똑같았던 거지."

"그럼 그렇게 큰 지도를 어디에 보관하고 있는 거야?"

"그건 다른 문제야. 보르헤스 왕은 왕국이 하나밖에 없어서, 그 왕국 말고는 지도를 둘 곳이 아무 데도 없었대. 제일 우스웠던 건, 그 지도를 백성들의 모든 집 위에 올려놔야 해서, 농작물이 자랄 공간도 없었다는 거야. 결국, 사람들은 그 왕을 쫓아내고 지도를 찢어 버렸대. 소문에 의하면 아직까지도 왕국 근처에 있는 사막에서는 휘날리고 있는 그 지도 조각을 찾을 수 있다고 해."

CHAPTER 8

보다 나은 방법

퍼뮤트는 심볼 도시에서 멀지 않은 아주 작은 동네였다. '휴 러스틱의 가게'는 매우 찾기 쉬웠다. 팅커의 가게보다 간판이 더 크고 화려해서 눈에 쉽게 띄었다.

휴 러스틱
있을 법하지 않으면서 불가능한 문제 해결 가게

"안녕하세요, 러스틱 아저씨?" 로리가 가게 안으로 들어오며 인사했다. "심볼 도시에서 만난 팅커 아저씨께서 제게 알고리즘을 주셨는데, 제가 러스틱 아저씨를 만나 뵙는 게 좋을 것 같다고 말씀하셨어요."

러스틱 씨는 키가 매우 크고 목소리가 우렁찬, 빨간색 수염이 달린 지저분해 보이는 모습의 남자였다. 그는 전혀 에포니머스나 팅커 씨처럼 우아해 보이거나 깔끔해 보이지 않았다.

그는 확실히 로리가 생각했던 작곡가의 모습은 전혀 아니었다. 하지만 팅커 씨가 그를 찾아가 보라고 제안을 했던 것을 떠올리며 로리는 러스틱 씨에게 추천서를 건네주었다.

"저는 이 모든 도시를 다 지나가기 위한 가장 짧은 길을 찾으려고 해요. 도와줄 수 있으신가요?"

"세상에나! 멋진 일이군!" 러스틱 씨가 말했다. "팅커 그 친구가 참 적절하게 보냈군! 그런 길이 있을 것 같진 않지만 함께 찾아보도록 하지. 늦어도 화요일까지 말이야. 그것도 불가능한 일이지만!"

"하지만 불가능한 일이라면…" 로리가 입을 열었다.

"아니, 있을 법하지 않다는 게 맞겠지." 러스틱 씨가 말을 정정했다.

"있을 법한 일이 아니라면, 어떻게 찾는다는 거예요?"

"네가 바라보고 있는 관점을 조금만 옆으로 돌려보렴." 러스틱 씨가 상냥하게 말했다. "네가 직면한 문제와 정확히 딱 떨어지는 정답만을 찾지 말고, 네가 먼저 답을 생각해 보도록 하고 그 답을 문제에 맞히도록 해보라는 소리지."

"하지만 아저씨도 문제를 바꿀 수는 없잖아요. 그렇죠?"

"안될 이유가 어디 있겠니? 풀어보기도 전에 문제부터 걱정을 하고 있는 건 시간 낭비지! 네가 정말로 원하고 있는 것은 바로 정답 아니니?"

"아마도 그렇겠지요. 하지만 전 해결 방법을 모르겠는걸요." 로리가 말했다.

"넌 가장 신선한 토마토를 어떻게 고르니?" 그가 물었다.

"뭐라고요?" 음, 전…."

"꼬마 아가씨, 아가씨가 만약 시장에 갔다고 해보자. 만약 가장 먹음직스럽고 신선한 토마토를 찾고 있다고 해봐. 가장 최상의 토마토를 고르기 위해서는 모든 토마토들을 살펴보고 비교해야겠지? 모든 것을 하나하나 살펴보고, 뒤집어도 보고, 조금씩은 눌러봐야 알 수 있을 거야. 모든 시장에 있는 모든 토마토들을 하나씩 전부 말이야."

"어떤 누구도 그러진 않아요!" 로리가 말했다. "어, 아마도 우리 옆집 사는 해리 씨는 그럴 수도 있겠죠. 하지만 우리 엄마는 해리 씨가 제정신이 아니라고 했어요. 저는 그냥 제일 좋아 보이는 걸 하나 고를 거에요."

"자 보렴. 넌 이미 어떻게 하는지, 휴 러스틱의 방법대로 잘 알고 있지 않니. 최상의 토마토를 찾기 위해서 넌 시간을 헛되이 낭비하진 않을 거야. 충분히 괜찮은 토마토가 많이 있을 때는 말이야."

"그러니깐 유저랜드에서 모든 도시들을 다 돌아보기 위한 제일 짧은 길을 찾는 대신에," 로리가 말을 이었다. "충분히 짧은 길이면 된다는 건가요?"

"안될 이유가 뭐가 있겠니?" 러스틱 씨가 힘을 주며 말했다. "수

많은 방법 중에서, 나라면 가장 짧은 길보다는 적절히 짧은 길을 하나 고르겠어. 어찌되었든 너는 그 수많은 방법 중에서 단 한 가지 방법만 따라갈 것 아니겠니? 그게 가장 쉬운 방법이지."

러스틱 씨는 큰 지도를 한 장 꺼내 계산대 위에 올려놓았다.

"자, 여기가 바로 우리가 서 있는 곳이란다." 그가 퍼뮤트를 손가락으로 가리키며 말했다. "그리고 여기가 네가 여행을 시작한 곳이야. 맞니? 이 지도의 위에 있는 산 경계에 연필을, 아래쪽 계곡의 경계에는 작은 숟가락을 놓아 보도록 하자." 그 지도는 로리가 지나가 보지 못한 다른 도시들과 이미 거쳐간 바흐 도시와 리커전 교차로 또한 펜으로 표시되어 있었다.

"자 이제 재미있는 방법을 사용해 볼까?" 러스틱 씨가 윙크하며 말했다. "개미들에게 물어보도록 하자."

"개미요? 무슨 말씀하시는 거에요? 개미는 지도를 읽을 수 없다고요!" 로리가 말했다. 곤충의 이름이 언급되자 엑소르는 정신이 번쩍 들었다.

"누가 개미들이 지도를 읽지 못한다고 했니? 차라리 거북이들이 동그라미를 그릴 수 없다고 말하는 것이 더 낫겠구나." 러스틱 씨가 익살스럽게 말했다.

"그러면 이제 개미들에게 지도 읽는 방법을 알려줄 셈이에요?"

"정확히는 그게 아니란다. 개미들은 이미 자기네들의 집으로 돌아가는 방법을 매우 잘 알고 있지. 그 개미들이 우리를 위해 대신 길을 찾아주는 것을 볼 거야." 그는 꿀이 담긴 병을 열고 각 도시마다 조금씩 꿀을 묻혔다.

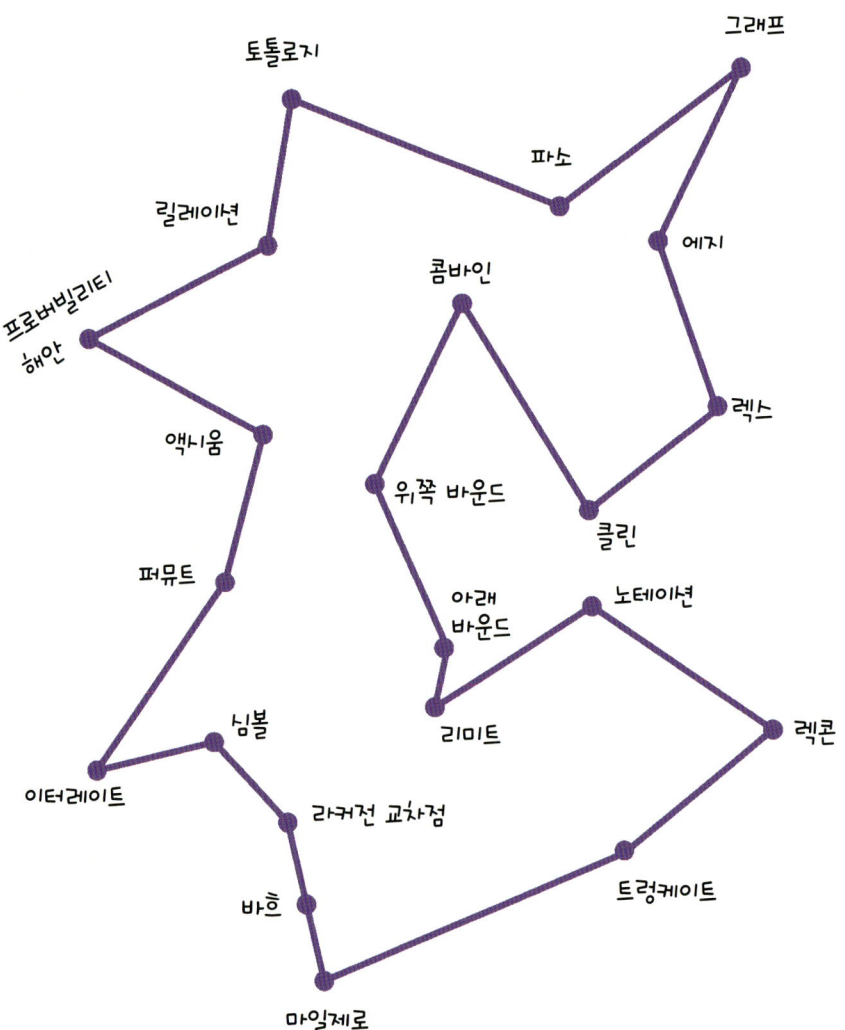

1분이 지나도 아무런 일이 일어나지 않았다. 차를 한잔 마실 시간이 지나자, 작은 개미 한 마리가 테이블 위로 기어 올라왔다. 꿀 냄새를 맡은 개미는 지도 위에서 지그재그를 그리며 분주히 움직이기 시작했다. 개미는 꿀을 아주 조금 먹어 보더니, 다른 도시에 묻은 꿀을 향해 이동하기 시작했다.

　"개미들이 음식을 찾았을 땐, 그곳에 약간의 자기 향기를 남겨 두고 떠난단다. 다른 개미들이 찾아올 수 있도록 말이지." 러스틱 씨가 생물학자인 양 말했다. "개미들은 음식의 냄새와, 다른 개미들의 냄새를 맡으며 따라온단다. 많은 개미들은 동시에 그 음식 냄새를 향해 수많은 방법을 찾아 떠나지. 그런 방법으로 마침내 그들은 모든 음식 냄새를 향한 가장 짧은 길을 만들어 낼 수 있단다."

　첫 번째 개미는 바흐 도시에 묻은 꿀로 향했다. 다른 개미가 나타났고, 그 개미는 리커전 교차로로 향했다. 또, 다른 개미들은 프로버빌리티 해안가, 퍼퓨트 도시, 노테이션 도시, 혹은 다른 도시들을 향해 움직이고 있었다. 곧, 지도는 수십 마리의 개미들이 각자의 길을 만들어 조금씩의 꿀을 모아 이동하고 있었다.

　몇 분이 지나자, 개미들 사이에서는 어떠한 경로의 길들이 더 많이 다니는 중요한 길이 되었다. 개미들은 그 방법대로 일렬로 줄을 서 따라가기 시작했고, 그 길은 점점 더 넓어져 모든 지도의 지역들을 다 돌아 다시 자기들의 집으로 돌아가는 모양을 만들어 냈다. 러스틱 씨는 이 행렬의 모양을 따라서 꿀이 모두 사라지기 전에 다른 종이에 그렸다.

"자, 여기 있단다!" 그가 따라 그린 종이를 로리에게 건네주었다.

"고맙습니다, 러스틱 아저씨! 이 길이 정말 가장 짧은 길이 맞나요?"

"짧은 길이지. 가장 짧은 길이라고는 장담할 수는 없지만, 이건 분명 충분히 짧은 길이 맞을 거라고 맹세하마."

CHAPTER 9

함부로 말하지 마

로리와 엑소르는 새로운 지도를 들고 퍼뮤트 도시에서 나왔다. 그 둘은 이제 어느 방향으로, 어느 곳으로 가야 하는지, 그리고 어떻게 가야 하는지 알게 되었다. 모두 종이 위에 적혀 있었다.

"이 지도를 자세히 보면 조금 웃긴 이름의 도시들이 있어." 로리가 말했다. "트렁케이트. 이게 뭐지?"

"트렁케이트는 어떤 것을 조금씩 잘라내서 짧게 만든다는 뜻이야. 트렁케이트 도시는 도시의 경계가 아주 정확해." 엑소르가 말했다.

"아… 그럼 액시움이란 도시는 뭐지?" 로리가 다시 물었다.

"액시움은 하나의 규칙을 뜻하는 단어야. 정말로 그것이 사실인지 아닌지 네가 모르더라도, 그것이 사실인 척해야 하는 규칙이지." 엑소르가 말했다.

"정말?"

"당연하지. 내 사촌 낸드가 유저랜드에 있는 도시의 뜻을 모두 다 가르쳐 줬는걸. 그녀는 유클리도사우루스라는 가문이라구."

"또, 이상한 단어 만들어 내고 있네, 엑소르."

"아니야. 정말이야." 작은 도마뱀 엑소르는 어깨를 으쓱대며 어두운 초록색으로 변했다. "액시움이 무슨 뜻인지 믿거나 말거나 마음대로 해."

"그래? 그래도 '퍼프누들'이 뭔지는 너도 모를 걸?" 로리가 말했다.

"어… 그거는 말이지…. 음… 그건 모르겠는데. 그게 뭐야?"

"퍼프누들은 조류인데, 새 중의 하나야." 그녀가 말했다. "길고 파란 깃털을 갖고 있어. 그리고 작은 도마뱀을 먹는 걸 매우 좋아하지."

"진짜?" 엑소르는 걱정되는 표정을 지으며 파란 깃털의 새가 주위에 있는지 확인하기 위해 고개를 두리번거리며 하늘 위를 쳐다보았다.

"하하하! 아니야. 하지만 내가 만약 도마뱀을 먹는 걸 좋아하는 크고 파란 새를 발견한다면, 난 그 새를 앞으로 퍼프누들이라고 부를 거야."

"그런 식으로 놀리지 마. 그리고 함부로 단어를 만들어 내지 마!" 웃는 로리를 보며 엑소르가 퉁명스럽게 말했다.

"너도 단어를 만들어 내니깐, 나도 그럴거야." 로리가 말했다.

"로리, 난 사실만을 말하고 있는 거라구."

"근데 발음이 너무 웃기지 않아?" 로리가 말했다. "퍼프누들이라니!"

"하지만…"

"퍼프누우~~들!" 그녀는 콧소리 섞인 음정으로 흥얼거리기 시작했다.

"로리, 잠깐만, 그렇게 이상한 말을 계속 떠들면~"

"퍼프누우~~들. 퍼어~~프누들. 퍼. 프. 누. 들!"

로리가 깔깔거리면 노래를 마치자, 공중에서 갑자기 이상야릇한 소리가 나더니, 쥐처럼 생긴 작은 생물이 그들의 눈앞에 나타났다.

"퍼프누들!" 작은 쥐가 말했다. 그 동물은 둘의 주변을 뛰어다니더니 잡초 사이로 뛰어들어 가며 소리쳤다. "퍼프누들! 퍼프누들!"

"대체 방금 저건 뭐야?" 로리가 말했다.

"저건 말이지," 엑소르가 대답했다. "자르곤의 새끼야."

"대체 어디서 나타난 거야? 갑자기 공기 중에서 나타났는걸!"

"네가 방금… 그 단어를 만들어 냈잖아."

"내가 만들어 냈다고?"

"난 분명 경고했어." 엑소르가 말했다. "넌 대체 자르곤이 어디서 나온 생물이라고 생각했니?"

"퍼프… 그 뭐시기 단어가 뭐가 그렇게 문제가 있는데?"

"그 단어는 오직 너에게만 의미 있는 단어잖아. 자르곤이 바로 그것들이야." 엑소르가 말했다. "네가 만들어 냈으니, 그 단어는 이제 네 거야."

"하지만 왜?"

"아무도 모르지." 그가 말했다. "액시움 도시에 있는 개체 중 하나일 거야. 넌 이름을 부르거나 만들어 낼 때는 항상 조심해야 해. 그 이름들은 그 나름대로 힘이 있다구."

CHAPTER 10

논리적인 해결

   프로버빌리티는 해안가 가장자리에 있는 작은 도시였다. 마을은 낡고 거친 나무 울타리로 둘러싸여 있었고, 심볼 도시와는 다르게 높은 벽도 없었다. 또, 입구에는 경비병도 전혀 없어 보였다.
   로리가 입구로 지나가려고 하는 그때,
   "잠시만, 아가씨! 여기 왼쪽을 보라구." 나이 든 여자가 나무 그림자 아래에 앉아 있었다. 그녀는 무릎 위에 큰 책을 올려놓고 있었다. 그녀의 가슴에 붙은 이름표에는 '제인 헤카테, 국경 지킴이' 라고 적혀 있었다.
   "오, 제가 못 보고 지나쳤군요!" 로리가 말했다.
   "괜찮아. 하지만 입구를 통과하기 전에, 아가씨의 이름이 적혀 있는지 확인을 해야 해."
   로리는 그 전에 이와 비슷한 게임을 했던 것이 생각났다. "제 이름은 에포니머스 바흐에요. 그리고 제 암호는…"

"잠깐, 잠깐! 한 번에 하나씩만 알려 줄래? 일단 이름부터 확인하자." 그녀는 두꺼운 책을 열어 손가락으로 한 장씩 넘기며 한 글자, 한 글자 읽기 시작했다.

"E… E… 오, E가 여기 있군!"

정말 견딜 수 없도록 느린 속도였다.

"P… P… E 다음에 P… P! 여기 있군. E-P- 그리고 O… O… 아니,"

제인은 엄지로 책을 닫았다.

"미안한데, 방문자 목록에 없는 이름이군."

"네? 뭐라구요?"

"네 이름이 이 목록에 없어. E로 시작하는 이름이나, EP로 시작하는 이름은 많았지만, EPO로 시작하는 이름은 전혀 없군. 이름의 앞부분이 목록에 없다면 그 뒷부분을 계속 찾아볼 이유는 없겠지? 이건 논리적으로 맞는 거라구."

"하지만, 그녀의 이름… 아니, 제 이름은 목록에 분명히 있을 거에요! 그녀는 훌륭한… 아니, 제 말은…" 로리가 말을 더듬었다.

"혹시 외국인이니? 아마 너의 이름 철자가 우리나라에서는 다른가 보네. 가끔 그런 일이 일어나기도 하지. 특히 외국인들일 경우에 말이야. 다시 한 번 찾아보도록 할까?"

아마 로리는 자신의 이름이 있을지도 모른다는 생각이 들었다. "혹시 '로리 입섬'이 목록에 있나요?"

"어디 한 번 보자. L… L… L! A… U… R… I… 없네. 하지만 금방 찾을 수 있을 거야."

"로리 입섬이 없다면, 로렌 입섬으로 찾아봐 주세요."

"L…A…U…R…E… 없어. 그 이름도 없군."

"어, 휴… 러스틱 이라는 이름은요?"

"H… H… H! H-U-G-H R-U-S-T-I-C. 오, 여기 있군."

"좋아요!"

"너의 이름을 찾아내어 무척 기쁘군!" 제인이 말했다. "네 이름의 철자가 우리나라와는 꽤 다른가 봐. 그렇지?"

"네, 그런 것 같네요. 고마워요!" 로리는 안쪽으로 들어가기 위해 방향을 돌렸다.

그때 제인이 로리의 어깨를 매우 붙잡으며 입을 열었다.

"그리고 암호는?"

"오! '러스틱'인가요?"

"아니."

"거북이?"

"아니."

"알고리즘?"

"아… 알… 아니."

"굿 이너프?"

"아니군."

로리는 당황했다. "이제 또 뭐라고 해야 하지?" 그녀는 엑소르에게 속삭였다. "아마 이 분은 우리가 정답이 나올 때까지 사전에 있는 모든 단어를 다 꺼내서 확인할 것 같아. 하지만 그러기엔 한 달은 족히 걸릴 거야!"

"나에게 한 가지 방법이 있어." 엑소르가 속삭였다. "'아브쟁이'이라고 해봐."

"그게 뭐야? 들어본 적도 없는-"

"내 셋째 사촌이 더사우루스라니깐. 날 믿어!"

"혹시 암호가 '아브쟁이'인가요?" 로리가 제인에게 물었다.

"아…브…재… 아니."

"'날 믿어'라고?" 로리가 엑소르를 쩨려보며 말했다.

"다시 생각해 보니까, 내가 그 사촌을 매우 싫어했던 것 같아."

"엑소르, 혹시 뭔가 알아챈 것 없어?"

"벌써 저녁 식사 시간이야?" 엑소르가 기쁘게 말했다.

"아니! 내가 '거북이'라고 했을 때는 그녀가 찾아보지도 않고 바로 아니라고 대답했잖아." 로리가 말했다.

"그런데? 그건 암호가 아니라는 거잖아." 엑소르가 대답했다.

"그런데 내가 '알고리즘'이라고 암호를 말했을 때는, 아니라고 말하는 데까지 시간이 매우 오래 걸렸다구! 그리고 아브쟁이라고 암호를 말했을 때는 조금 더 시간이 오래 걸렸어. 손가락으로 한 글자 한 글자 짚어가면서 말이지…"

로리가 기침을 하며 제인에게 다시 말을 걸었다.

"암호가… 음, 아브라인가요?"

"아…브…라… 아니."

"봤지?" 그녀가 속삭였다.

"그래…, 그런데 그게 도대체 무슨 의미가 있는데?"

"진짜 암호는 '아브'로 시작하는 단어일 거야! 그래서 우리가

'아브'로 시작하는 단어로 계속 추론하다 보면…"

로리와 엑소르는 한 글자씩 휴 러스틱의 암호를 추론해 내기 시작했다. 처음부터 맞는 글자를 찾아내기란 로리에게 쉬운 일이 아니었다. 로리는 엑소르가 그녀에게 시도해 보라고 알려준 단어들 중 대부분을 이해하지 못했다. 하지만 엑소르는 더사우루스의 명예를 언급하며 계속해서 단어를 꺼냈다. 다행히 로리는 점점 정답에 가까워지고 있음을 느꼈다. 왜냐하면, 제인이 암호를 찾아보고, '아니오'라고 대답하는 데까지 걸리는 시간이 점점 길어졌기 때문이다.

"아벤드!"

"아…브…엔… 아니오." 제인이 대답했다.

"아브디킷!"

"아…브…디… 아니오."

"아브라게이트!"

"아…브…라…게… 아니오."

"단어는 분명 '아-브-라'로 시작하는 거야!" 로리가 엑소르에게 속삭였다.

"아브라우트!"

"아…브…라…우… 아니오."

"아브라카이드!"

"아…브…라…카…이… 아니오."

"우리가 점점 더 암호랑 가까워지고 있는 것 같아." 엑소르가 그녀의 귀에 대고 말했다. "아-브-라-카로 시작하는 단어가 뭐가 있지?"

"아브라카다브라?" 로리가 크게 말했다.

"아-브라-카-다-브-라!" 제인이 말했다.

"바로 그게 암호에요. 프로버빌리티 도시에 오신 것을 환영합니다."

CHAPTER 11

공정한 교환

프로버빌리티에서 로리가 가장 첫 번째로 시작한 것은 머핀을 사는 것이었다. 온종일 아무것도 먹지 못해 배고픔이 밀려왔다. 하지만 그녀가 갖고 있는 돈은 프로버빌리티에서 쓸모가 없었다. 어떤 누구도 로리의 '25센트'를 원하지 않았다. 그 누구도 알고리즘을 원하지도 않았다.

"편지 왔다!" 우편가방을 맨 빨간 데몬이 어디선가 나타나 로리 일행을 놀라게 했다.

"저한테요?" 로리가 물었다.

"내가 지금 너 말고 다른 사람에게 말을 하고 있는 것 같니?"

데몬은 로리에게 편지봉투를 성의 없게 건네준 뒤 다른 곳으로 사라졌다. 지난번에 엑소르의 도움으로 콜로넬 트랩의 엉망진창이었던 편지를 읽을 수 있었던 것처럼 이번 편지도 쉽게 해석했다. 이번 것은 더 짧았지만 지난번의 내용보다 더 쓸모가 있어 보였다.

> 로리,
> 나를 계속 깜짝 놀라게 해주렴.
> 은행에서 네가 가진 돈 문제에 대해 도움을 받는 것이 좋을 것 같구나.
>
> 콜로넬 트랩으로부터

콜로넬의 편지를 읽은 뒤, 로리는 방금 지나쳤던 건물이 생각났다. '페어 코인 저축 & 대출' 그녀는 바로 뒤로 돌아 은행처럼 생긴 건물을 찾기 시작했다.

"우리 왜 은행에 가고 있는 거야?" 엑소르가 물었다.

"난 지금 배고프단 말이야. 이제 곧 저녁 먹을 시간이야."

"드디어 먹을 시간이네! 그런데 우리 돈으로는 먹을 수 없잖아!"

"여기서는 지금 내가 갖고 있는 돈을 쓸 수가 없어. 음식도 살 수 없고. 이곳에 사는 사람들은 모두 페어 코인을 들고 다닌다구!"

로리는 은행의 출납계 창구로 가서 갖고 있던 센트 아니 돈처럼 생긴 모든 것을 꺼내 놓았다. 1달러짜리 지폐 몇 장과, 3개의 25센트 동전, 10센트짜리 동전, 1센트의 동전, 그리고 그녀의 행운의 포커 카드가 있었다.

"저기요."

"네?" 창구에는 동그란 안경을 쓴 키가 크고 마른 남자가 있었다. 작은 이름표에는 '트렌트 에스크로'라고 그의 이름이 적혀 있었다.

"제가 다른 나라에서 왔는데, 혹시 이 돈들이 이곳에서도 쓸모가 있을까요?"

"흠! 이런 동전들은 생전 처음 보는군요! 이 멋져 보이는 작은 종잇조각들은 어디에 쓰는 거지요?"

"그것도 돈이에요. 1달러에요." 로리가 말했다.

"종이로 만든 돈이라니," 트렌트가 말했다. "이상하군! 멋지게 생겼지만, 이곳에서는 전혀 쓸모가 없을 것 같네요."

"정말이에요? 왜 안 되는 거죠?"

"당신은 종이돈으로 50대50 게임을 할 수 있나요? 하지만 이 동전들은 쓸모가 있겠군요." 그가 행운의 포커 카드를 하늘을 향해 여러 번 던져 뒤집으며 말했다.

"이것들 중에 쓸만한 것들은 전혀 없나요?"

"음, 저에게는 꽤 공정하게 쓸 수 있을 것 같지만요. 하지만 완전히 공정하게 교환이 되는 돈은 아닌 것 같군요. 어떤 누구도 이 돈을 제값에 사려고 하진 않을 거예요."

"팅커 아저씨도 똑같은 말씀을 하셨지만 전 이해할 수 없어요." 로리가 말했다. "제가 사는 나라에서는 이 25센트짜리 동전으로도 50대50 게임을 할 수 있는 걸요. 전혀 문제가 없어요."

"오, 그러나 한쪽 면은 다른 쪽 면과 조금은 다른걸요."

"정말요?"

"자 보세요, 동전을 집어던지기 이전에, 팽이처럼 세워서 돌려본다면 이 동전이 앞면과 뒷면이 서로 공정한 면인지 알 수 있어요. 그것이 바로 우리가 페어 코인인지 아닌지를 가리는 방법이지요."

"그렇다면 제 동전들은 모두 값어치가 없다는 건가요?"

"'아주'는 아니지만요. 제가 제안을 한 가지 하지요. 당신의 동전 2개와 제 페어 코인 1개를 바꾸는 것이 어떤가요?"

"왜 제가 2개를 내야 하는 거예요?" 로리가 물었다.

"좋은 질문이군요!" 트렌트가 말했다. "대부분의 사람들은 잘 모르겠지만, 사실 정말 불공정한 동전으로도 완벽히 공정하게 뒤집는 방법은 있거든요."

"전 당신의 말을 믿지 않아요."

"자, 여길 봐요." 트렌트는 서랍에 가서 그가 간직하고 있는 매우 크고 무거운 동전을 꺼냈다. "이 동전은 가짜 공정 코인이에요. 진짜 동전과 똑같이 생겼지요? 하지만 이게 가짜인지 아닌지는 금방 가려낼 수 있어요. 왜냐하면, 뒤집다 보면 뒷면보다 앞면이 더 많이 나오거든요."

"그래서 어떻게 해야 공정하게 동전을 뒤집을 수 있는 거예요?" 로리가 물었다.

앞면 + 뒷면 = 앞면
뒷면 + 앞면 = 뒷면
앞면 + 앞면 = 처음부터 다시 시작
뒷면 + 뒷면 = 처음부터 다시 시작

"두 번 뒤집으면 되는 거에요. 만약 앞면이 나온 뒤에 뒷면이 나온다면, 앞면을 선택하면 돼요. 뒷면이 먼저 나온 뒤에 앞면이 나오면 뒷면을 선택하면 되겠지요. 만약 앞면과 앞면 2번, 혹은 뒷면과 뒷면 2번이 나오면, 다시 처음부터 시작해요."

"오, 알겠어요. 불공정할 때는 알아서 스스로 취소가 되는군요!"

"그렇지요. 동전이 얼마나 불공정하느냐에 상관없이, 뒷면보다 앞면이 더 많이 나오거나 앞면보다 뒷면이 더 많이 나오는가는 정확하게 똑같이 문제가 있는 거예요."

트렌트 에스크로는 진지하게 로리의 동전 5개와 행운의 포커 카드를 받고, 그의 페어 코인 3개를 건네주었다.

"그래서 제가 당신에게 2대 1의 비율로 교환하려고 했던 거예요."

"고맙습니다!" 로리는 빵집이 문을 닫기 전에 바깥으로 달려나갔다.

야호! 맛있는 저녁 식사 시간이다!

CHAPTER 12

윈썸과의 만남

로리가 은행 밖으로 뛰어나오자, 뚱뚱한 경찰이 그녀의 옷깃을 붙잡았다.

"잡았다!" 그가 말했다. "왜 그렇게 뛰고 있지? 너도 은행에서 도둑질을 한 거야?"

"네? 누구세요? 절 가게 내버려둬요!" 로리가 소리쳤다.

"난 커스터디 경관이다. 그리고 넌 지금 아주 난처한 상황에 빠져 있지." 경찰관이 말했다. "로렌 입섬, 이게 만약 네 진짜 이름이라면, 난 그 죄로 널 체포하겠다!"

"무슨 죄요? 무슨 말씀을 하시는 거에요?"

"그건 상관할 바가 아니다!" 커스터디는 로리의 옷깃을 흔들며 로리의 귀에 대고 소리쳤다. "죄가 있다고!"

"아니! 무슨 죄가 있느냐구요!" 로리는 같은 말을 되풀이했다. 경찰관이 붙잡고 있는 어깨가 매우 아팠다. 거리에 있는 사람들은 로리를 향해 손가락질하며 쳐다보았다. 로리는 혹시라도 가능하다면 스테가노사우루스가 되어 조용히 사라지고 싶었다. 바로 지금 이 순간!

"네가 어렵게 만들고 있네! 깔끔하고 명확하게 해결하자구. 네가 자꾸 고집부릴 거라면 말이다!" 커스터디는 주머니에서 종이 두루마리를 꺼내며 헛기침을 했다.

"로렌 입섬, 넌 경범죄를 저질렀어. 이건 신화의 내용을 속이려고 미수한 죄라고! 페어 코인을 위조하려고 했고, 네가 마치 작곡자인 것처럼 알고리즘을 흉내 냈지. 심지어 우리 마을의 보안까지 해킹하다니. 넌 정말 무시무시한 짓을 많이 하고 다녔더군!"

"놔줘요! 무시무시한 건 당신이라구요! 난 아무 잘못 없어요!" 로리가 빠져나오기 위해 몸부림을 쳤지만, 커스터디의 힘을 이길 수 없었다. 그때, 그들을 둘러싸고 있던 군중들 사이에서 큰 외침이 들렸다.

"거기, 경관! 어린 아가씨에게 무슨 짓을 하고 있는 거야?"

거칠게 생긴 여자가 군중 사이에서 나타나 경찰관과 맞서기 시작했다. 그녀는 매우 큰 부츠를 신고 검은색 장갑을 끼고 있었다. 그리고 한쪽 눈에는, 하트 모양의 안대를 끼고 있었다.

"어이, 로즈썸! 얘는 어린 소녀가 아니야. 매우 위험한 범죄자라고! 우리 마을의 보안을 뚫고 침입했단 말이지." 커스터디가 말했다.

"보안이라고 하면 마을 입구 앞에 있는 문에 앉아 있는 나이 많은 제인을 얘기하는 거야?" 그 여자가 물었다.

"헤카테 보안관을 말하는 거라면, 그래."

"이봐, 커스터디. 제인은 속이기 매우 쉽다구. 지난주엔 내가 산타클로스라고 말했는데 그녀가 믿더라니깐."

주위의 군중들이 깔깔 웃기 시작했다.

"그건 단지 장난…"

"그리고 대체 '신화를 속이려고 한 것'은 뭐야?" 그녀가 중간에 경찰관의 말을 끊고 말했다. "신화를 속이려고 한 죄는 네가 방금 막 만들어 낸 조항 같은데."

"뭐라고? 나는…"

"이 소녀가 네가 말하는 범죄자가 맞긴 한 거야?"

"수배 전단지에 작성되어 있던 생김새와 매우 똑같은걸!" 커스터디가 주장했다.

"그래? 내가 보기엔 이 소녀는 산타클로스처럼 생기지 않았는걸."

"아니," 그가 말했다. "산타클로스가 아니라, 오늘 오후에 입구를 뚫고 들어온 해커의 모습과 똑같다는 소리야."

"그래서 너는 이렇게 어린 소녀가 우리 마을의 강력한 보안을 뚫고 들어오는 것이 가능했을 거라는 말이니?" 여자가 눈을 찡그리며 말했다.

"음…"

"어쨌든, 이 소녀는 내 조수로 일 시키려고 부른거야." 로즈썸의 마지막 말에 커스터디는 혼란이 왔다. "이렇게 어린… 소녀가 너와 함께 일을 한다고?"

"물론이지. 이 아이는 날 도와서 마을의 보안을 테스트하는 것을 시험하고 있지. 그리고 만약 어린아이가 널 조롱하고 있다고 생각해 봐…"

여자는 고개를 좌우로 흔들며 말했다. "…별로 좋아 보이진 않잖아."

"하지만 넌…"

여자는 아무런 말도 잇지 않았다. 그녀는 단지 하얀 이를 보이며 크게 씨익 웃었다.

커스터디의 등에서 식은땀이 흘러내렸다. 그는 로리를 쥐고 있던 손을 놓아주고, 손수건을 꺼냈다.

"어이, 이건 내 실수군! 난 이 아이가 콜로… 음, 너와 같이 일을 하는 줄 몰랐어."

"뭐, 이제 됐어. 이제 우린 가보도록 할게. 가자, 로렐."

그 여자는 로리의 팔을 붙잡고 고개를 꼿꼿이 세우고 걸어갔다.

"이렇게 천천히 걷도록 하자꾸나." 여자가 속삭였다. "바로 저 앞의 모퉁이를 돌고 나서 마리나 항구로 가자. 커스터디가 그 멍청한 입을 닫고 머리를 다시 굴리기 전에 말이야."

커스터디의 시야에서 벗어나자마자 그들은 빠르게 뛰기 시작했다.

"정말 멋졌어요! 하지만 제 이름은 로렐이 아니라 로렌이에요."

"비슷했군. 난 윈썸 로즈썸이야."

"만나서 반가워요! 절 도와주셔서 정말 감사합니다! 전 문제를 일으킬 생각은 전혀 없었어요."

"그런 말은 안 해도 된단다. 난 어쨌든 이 마을을 떠날 거니깐 말이야. 그리고 난 저 멍청하고 시민들을 괴롭히는 경찰관이 정말 싫을 뿐이야."

마리나에 도착했을 때, 윈썸은 보트에 뛰어 올라타 떠날 준비를 했다. "어서! 뛰어내려!" 그녀가 로리에게 소리쳤다.

"누구의 보트인가요, 윈썸 씨?"

"내 보트, 도플갱어호란다. 저 반대쪽 밧줄을 잡아주겠니?"

"와, 이 보트는 어떻게 구하셨나요? 당신은 해적이에요?"

"나는 많은 것을 할 수 있단다, 소녀야." 윈썸이 말했다. "그리고 이 보트로 말하자면, 내가 훔쳤단다. 하지만 정직한 방법으로 훔친 거야!"

"어떻게 훔칠 때 '정직하게' 훔쳤다고 말할 수 있는 건가요?" 로리는 혹시 더 큰 문제에 빠지진 않을까 슬슬 걱정이 되기 시작했다.

"난 이 배의 갑판원이었지." 그녀가 말했다. "선장은 내가 배 안에서 온갖 잡일을 하도록 시켰어. '로즈썸, 돛대를 제자리에 갖다 놔라!' 그가 항상 하던 말이지. '새 도르레를 태양의 반대쪽 위치에 놓거라!'라고 말이야."

윈썸은 돛을 펼쳤다.

"하지만 이건 비밀인데, 새로운 부품이 들어와 교체할 때마다, 나는 오래된 부품들을 몰래 보관했단다. 어차피 그 오래된 부품들은 선장에겐 쓰레기나 마찬가지였어. 그러니 내가 가져도 상관이 없는 거지? 내가 부품들을 모두 모았을 때 난 갑판원을 관뒀고,

그 부품들을 선장의 배에 있던 새 부품들과 모조리 바꾸어 조립해 완전한 배로 만들었단다. 선장은 절대 알아차리지 못하겠지! 네가 타고 있는 이 새 부품들로 만들어진 배와 선장이 갖고 있는 오래된 부품의 배는 매우 똑같이 생겼거든. 복제품이나 마찬가지지. 난 진짜 배를 갖고 있는 거라구."

"하지만…" 로리가 말했다.

"나중에 생각하면 안 되겠니, 아가야? 우리는 법을 피해 빨리 달아나야 한단다."

윈썸의 말이 맞았다. 로리는 밧줄을 풀었고, 그들은 달빛이 사라진 밤 속으로 흘러들어 갔다.

CHAPTER 13

라이프 게임

　도플갱어가 프로버빌리티 만을 빠져나와 해안에서 멀어짐에 따라 로리의 문제도 점점 멀어져 갔다. 보트의 끄트머리 너머로 다가가던 로리는 놀라운 것을 발견했다.
　"윈썸 씨! 이것 보세요!"
　배가 지나가면서 출렁거리는 물속에서 반짝반짝 빛나는 것들이 보이기 시작했다. 파란색과 초록색의 소용돌이 모양이 물이 출렁거릴 때마다 비쳤다.
　"오, 그러게. 이건 글라이더라고 한단다. 예쁘지 않니?"
　"너무 아름다워요! 어떻게 이렇게 빛날 수 있는 건가요?" 로리가 물었다.
　"물을 휘저을 때 이것들은 빛을 내면서 모양을 만들어 낸단다. 오로지 어두운 밤에만 볼 수 있지."
　"와! 이렇게 아름다운 것들은 처음 봐요!"

"진짜 멋진 게 뭔지 보여줄까?" 윈썸이 프라이팬을 물속에 담가 평평한 모양으로 만들었다. 팬이 평형을 유지했을 때, 그녀는 물속에 작은 그림을 그렸다.

빛나는 점들이 나타나 점점 흐릿해지며 여러 차례 프라이팬 주위에서 일렁거렸다.

"어떻게 저것들이 움직이는 거죠?" 로리가 물었다. "살아 있는 것들인가요?"

"아닐걸. 살아 있는 것처럼 움직이는 패턴일 뿐이야. 아마 어떻게 움직이는지는 여러 가지 규칙이 있는 것 같은데, 난 관심 있게 보지 않아서 말이야. 아마 넌 규칙을 찾아낼 수 있을 것 같구나."

윈썸은 다시 배의 방향을 보러 돌아갔다. 로리는 더 많은 소용돌이와 예쁜 물결 모양, 그리고 꾸불꾸불한 모양을 만들어 내는 글라이더와 함께 놀았다. 엑소르는 반짝이는 것들을 붙잡기 위해 손을 뻗었지만 한 줌의 물만 잡힐 뿐이었다.

로리는 여러 가지 패턴을 발견해내며 물속에서 더 오랫동안 모양을 만들어 냈다.

하지만 갑자기, 그녀는 불안한 생각이 들기 시작했다.

"윈썸 씨, 우리는 어디로 가는 건가요?"

"우리는 지금 앱스트랙트 섬에 가고 있단다." 윈썸이 대답했다. "배달해야 할 것들이 있거든. 우리는 아마 아침쯤에 도착할 거야."

"앱스트랙트 섬이요? 제 지도에는 그런 이름의 섬은 없는걸요." 로리가 말했다.

"아마도 네 지도에 적혀 있지 않은 곳들이 더 많을 거라는 생각이 드는구나."

"이 지도에 있는 곳들이 이 나라의 전체 영토가 아니란 말씀이신가요?"

"응? 누가 그렇게 말을 했니?" 윈썸이 물었다.

"코넬 트랩 씨요. 그가 저에게 매우 이상한 편지를 보냈어요."

"아…, 그 사람 말이구나."

"코넬 씨를 알고 계신가요?"

"그는 정신이 이상한 노인이야." 윈썸이 말했다. "다른 사람들의 사업을 모두 다 망쳐 놓고 다닌단다. 계속해서 무례하기도 짝이 없는 데몬들을 시켜 멍청한 비밀 메시지를 보내곤 하지."

"그 비밀 메시지들은 꽤 재미있던 걸요. 엑소르가 어떻게 읽는지 발견…" 로리의 말을 끊고 윈썸이 조용히 이야기 했다.

"코넬을 조심하렴, 로렌. 아마 널 감옥에 가두려 했던 사람이 그 자일 거라는 의심이 드는구나."

"그가 누군데요?" 로리가 물었다.

"그는 내… 내 보스였지." 윈썸이 말했다. "이 도플갱어가 바로 그의 우편 배달용 배였단다. 내가 복제하기 전까지는 말이지. 우리는… 코넬의 그러한 사업을 매우 싫어했단다. 그래서 난 독립해서 내 스스로 일을 하기로 했어."

"그와 싸워야 한다는 말인가요?"

"음, 그렇지." 윈썸이 대답했다.

"무엇 때문에 싸우신 거에요?"

"그는 모든 것들이 변함없이 그 자리 그대로 있기를 원했어. 하지만 난… 아니었지."

"아," 로리가 말했다. 윈썸의 목소리에서 로리는 더 이상 물어보면 안 될 것 같은 생각이 들었다. 그들은 잠시 동안 조용히 하늘과 바다만 바라보았다.

"코넬이 한 가지만큼은 옳긴 했어." 윈썸이 부드럽게 다시 말했다.

"무엇인가요?"

"지도는 단지 그림일 뿐이야. 완전한 것이 아니라는 거지. 만약 어떤 사람이 앱스트랙트 섬을 지도에 그리는 것을 깜빡했더라도 그 섬은 여전히 존재하지. 네가 지도만을 보고 아는 것과는 전혀 상관없이 말이야. 섬은 여전히 존재해."

"유저랜드에서 만난 그 누구도 섬에 대해 말해준 사람이 없었어요." 로리가 말했다.

"그곳에 있던 사람들은 세상 밖의 물정을 거의 모른단다. 코넬이 원하던 것이 바로 그거였지. 유저랜드는 하나의 큰 섬이란다. 섬들의 집합체야."

로리는 그녀의 말이 와 닿지가 않았다. "하지만 윈썸 씨, 저는 집에 돌아가기 위해 제 지도를 따라가야 하는걸요."

"그러니?"

"네!"

"왜지?"

"모두가 그렇게 하라고 한 걸요." 로리가 말했다.

"별로 좋은 이유는 아니구나." 윈썸이 말했다.

"좋지 않은 이유라니요?"

로리가 지금까지 만났던 모든 사람은 로리가 앞으로 해야 할 것들을 항상 알려주곤 했다. 그녀는 물론 항상 모든 사람이 알려준 대로 하지는 않았지만, 지키지 못할 때마다 종종 기분이 상하기도 했다.

"아니! 네가 꼭 명심해야 할 것이 있어. 왜 네가 그렇게 해야 하는지를 말이야." 윈썸이 목소리에 힘을 주며 말했다. "그리고 다른 사람이 그렇게 하라고 했기 때문이라면 반드시 그렇게 할 필요는 없단다. 항상 유연하게 행동하렴, 어린 꼬마 아가씨야. 그건 그렇고, 넌 저 작은 글라이더 같더구나. 사람들이 보내는 모든 곳에 가려고 하다니 말이야."

"하지만 팅커 씨가 말하길…"

"팅커 씨는 잠시 잊도록 하렴." 윈썸이 말했다. "처음 길을 어떻게 잃게 된 거니?"

"전 엄마와 싸웠어요." 로리가 말했다. "우리 엄마는 제가 여름 내내 학교에 나가길 원하셨는데, 전 그럴 필요가 없다고 생각했어요"

"아마 여름방학 보충수업은 그리 나쁘지 않았을 거야. 내가 듣기론 다른 나라에 있는 아이들은…"

"상관없어요! 전 제가 전혀 모르는 사람들과 수업이나 들으며 여름을 통째로 허비하기 싫은걸요!"

"그래, 맞는 말이구나. 그래서 무슨 일이 있었던 거니?"

"저는 화를 진정시키려고 숲 속에 들어와 산책을 하고 있었는데, 제가 어딜 가고 있었는지 잊어버렸죠. 그리고 길을 잃었어요. 전 계속 그 주변을 뺑뺑 돌았어요." 로리가 눈물을 글썽거리며 말을 이었다. "그때, 저는 자르곤들에게 공격당해서 계속해서 도망쳤어요. 이곳 유저랜드에 도착할 때까지 달렸어요. 그런데 전 이곳의 규칙도 모르고 제 스스로 자르곤을 또 만들어 버리고 말았어요. 전 이곳의 규칙을 전혀 몰라요. 이곳의 사람들도 해밀턴이 어디인지, 달러가 뭔지, 아니, 아무것도 모르더라구요! 그리고 왜 제가 암호가 필요한지 전혀 이해가 안 가요. 그리고 전 지금 지도에도 없는 섬에 가고 있죠, 그리고…" 로리가 격앙되자

"천천히 말하렴…" 윈썸이 말했다.

"…그리고 지금 저는 또 길을 잃고, 또 잃을 게 뻔해요…" 로리가 흐느껴 울기 시작했다.

"잠깐만, 오, 울지 말렴."

윈썸은 보기 싫은 사람들을 어떻게 다루는지 잘 알고 있었지만, 울고 있는 어린 소녀를 달래는 방법은 전혀 몰랐다. 그녀는 로리가 울음을 그칠 때까지 그저 안아주었다.

"다 울었니?"

"네." 로리가 킁…하고 코를 훌쩍였다.

"좋아. 난 또 네가 배에서 계속 울다가 눈물로 배를 물속에 가라앉히려는 줄 알았네." 윈썸이 머쓱한 농담을 섞으며 말했다. "아래로 내려가서 잠시 쉬지 않을래? 그리고 잠들기 전에 다시 생각해 보렴."

"무엇을요?"

"네가 직접 지도를 만드는 걸 말이야."

CHAPTER 14

앱스트랙트 섬에서

"로리, 일어나렴."
"음" 로리는 침대에서 꿈지럭거렸다. '아직 일어나기엔 매우 이른 시간 같은데!'
"어서. 일어나."
"엄마?" 로리는 잠결에 물이 출렁거리는 소리를 들었다. '욕조 소리인가?'
"우리 도착했단다. 배를 묶는 것 좀 도와주겠니?"
"배…요? 무슨 배…" 로리는 그제서야 눈을 떴다. 벽은 나무로 만들어져 있었고, 그녀를 깨운 사람은 엄마가 아닌 바로 윈썸이었다. 물론 로리는 아직 도플갱어의 배 안에 있었다.
로리는 갑판 위로 올라가 앱스트랙트 섬을 보았다. 도플갱어호는 중앙 부두의 끝에 묶여 있었다. 작은 항구는 정확히 반달 모양이었다. 부두 주변에는 사람들이 낚시를 하거나 똑같이 생긴 배

위에서 야단법석을 떨고 있었다. 섬 위에는 똑같이 생긴 집들과 가게들이 나무와 언덕으로 된 공원 주변에 퍼져 있었다.

"저기 윈썸 씨, 왜 모든 건물들이 다 똑같이 생긴 거죠?" 로리가 물었다. "그리고 나무들도 똑같이 생겼어요!"

"이곳에 있는 모든 사람이 살아가는 방식이란다. 그들이 처음 모였을 때는 아무것도 없었단다. 그래서 끊임없이 어떻게 빌딩을 지을지, 도로, 혹은 비둘기까지 만들어야 하는지를 이야기했어. 그들이 추상적이지만 완벽한 설계도를 완성하자, 똑같이 생긴 복제품들을 만들어 냈지. 자, 이제 가서 아침 식사를 하고 이 편지들을 배달하자꾸나."

식사가 끝나자 윈썸은 커다란 소포 가방을 들고 부두를 향해 걸어갔다. 로리도 그녀를 쫓아갔다.

항구 근처에는 많은 레스토랑이 있었다. '철학자의 식당'에 도착한 로리는 나이가 지긋하고 제복을 입은 사람들로 가득 차 있는 것을 보았다. '랜덤피자 한 조각'이라는 곳은 어떤 재료로 만들어진 피자가 나올지 전혀 예측하기 어려운 곳이었다. 물론 피자를 먹기에는 너무 이른 시간이었다.

그들은 '푸시앤팝' 카페에 들어가 팬케이크를 여러 개 주문했다. 윈썸은 팬케이크 더미를 잘라먹는 대신, 쌓여 있는 팬케이크를 한 조각씩 집어 먹었다.

로리는 윈썸을 신기하게 바라보다가 끝내 궁금증을 이기지 못하고 물어보았다. "팬케이크를 왜 그렇게 드시는 건가요?"

"내가 이상하게 먹는 것 같니? 난 네가 더 이상한 것 같은데."

로리는 더 이상 질문을 이어가지 않고 다른 질문을 꺼냈다.

"제가 제 지도를 만들기 위해 무엇을 하면 좋을까요?" 로리는 팬케이크를 10장을 세로로 조각내서 한 입 물었다.

"좋아, 이제부터 나에게 계속 질문을 받아 그것에 이어서 질문해 보렴, 꼬마야." 윈썸이 말했다. "우리, 방법을 찾아내기 위해 재미있는 게임을 하나 해볼까?"

"무슨 게임이요?"

"'5개 왜?'라는 게임이지. 네가 방법을 알아낼 때까지 질문을 이어가는 게임이란다."

"어떻게 하는 건가요?"

"내가 '왜?'로 시작되는 질문을 할 테니, 네가 대답을 하렴. 그리고 난 또 다른 '왜?'로 시작되는 질문을 할 거야. 네가 네 스스로 방법을 찾아낼 때까지 말이야." 윈썸이 말했다.

"예를 들면요?"

"예를 들면 말이지," 윈썸이 마지막 팬케이크를 삼키며 말을 시작했다. "왜 너는 그 지도를 따라 이동하려고 하는 거니?"

"휴 러스틱 씨가 개미들의 도움을 받아 만들어 준 지도예요." 로리가 말했다. "그가 모든 도시를 지나가기 위한 충분히 짧은 방법을 발견해 주었어요."

"그래서 왜 너는 충분히 짧은 길을 찾고 싶었던 거니?"

"왜냐하면, 유저랜드를 모두 돌기 위해서는 수만 가지 방법이 있기 때문이죠. 팅커 씨는 가장 짧은 방법을 모르셨기 때문이구요." 로리가 말했다.

"왜 너는 팅커 씨에게 가장 짧은 방법을 물어보았니?"

"에포니머스 씨가 말씀하셨는데, 떠돌이 상인의 알고리즘이 그다지 유용하지 않다고 했어요. 음, 사실 그녀가 직접적으로 '알고리즘'이라고 말했던 것은 아니구요, 제가 나중에 알아낸 거예요."

"왜 너는 떠돌이 상인의 알고리즘을 이용하고 싶었던 거지?"

"그 알고리즘이 집으로 돌아가는 길을 찾을 수 있는 방법이라고 했거든요."

"왜 너는 그의 알고리즘이 네게 맞길 원하는 거야?"

"왜냐하면 전…" 로리는 생각지 못한 질문에 당황했다. "모르겠어요."

"너는 길을 잃고 무서웠을 거야. 그리고 네가 보기엔 그가 가는 길의 방식이 맞을 것이라고 생각했겠지. 그렇지 않니?" 윈썸이 물었다.

"네, 그런 것 같아요."

"꼬마야, 떠돌이 상인은 단지 상인일 뿐이란다. 그는 많은 도시를 돌아다니며 물건을 사고팔아야 하는 사람이지." 윈썸이 말했다. "그리고 여러 도시의 사람들을 만나 물건을 팔고 이익을 남기는 것이 그의 직업이기도 하고 말이야."

"그래도 에포니머스 씨가 그 방법이 옳다고 하셨는걸요."

"그 상인의 알고리즘은 그에게만 맞는 거야. 너에게 적합한 방법은 아니겠지. 이제 첫 번째 답이 나온 것 같구나. 모든 도시를 돌아다니며 시간을 많이 사용하는 것이 가장 최고의 방법은 아니란다. 그래서 네가 다시 생각해 봐야 한다는 거야."

"왜 어느 누구도 그렇게 말해주지 않은 거죠?" 로리가 물었다.

"왜냐하면, 가장 올바른 정답을 찾는 건 너의 선택에 달렸기 때문이지." 윈썸이 대답했다. "그 누구도 네 삶을 대신 살아주지 않는단다, 로리야."

"하지만 저는 모두에게 제가 집을 찾아 돌아갈 수 있는 방법을 물어보았는걸요!"

"아니, 넌 지금 네가 가장 원하는 최종 목표와 벗어난 것 같구나. 러스틱 도시에 도착했을 때, 넌 해밀턴에 어떻게 가야 하는지 묻지 않았어. 넌 러스틱 씨에게 유저랜드에 있는 모든 도시를 방문할 수 있는 짧은 길을 물어보았잖니."

"아, 맞아요." 로리가 윈썸의 눈을 바라보며 대답했다. "제가 너무 어리석었군요."

"그렇다고 그렇게 나쁘게 생각하지 말렴. 모두가 그러한 실수를 하곤 한단다."

"모두가요?"

"넌 아직 좋은 방법을 찾지 못했을 뿐이야." 윈썸이 말했다. "알고리즘은 거북이나 개미나 동전들을 통해 나타나는 게 아니란다. 알고리즘은 네 머릿속에서 나오는 거지. 그리고 그것이 가장 어려운 방법이기도 하고 말이야."

"전 아직도 집을 가는 방법을 모르겠어요."

"나도 마찬가지란다. 하지만 올바른 질문의 시작은 해결의 좋은 출발이야. 네가 여기에 머무는 동안 반드시 찾아낼 수 있을 거란다."

윈썸은 창문 밖으로 보이는 언덕 위의 하얀 타워를 가리켰다.

"저 등대가 보이니?"

"등대는 왜요?"

"저기 꼭대기에 올라가 보지 않을래? 아주 멋있을 거야."

"음… 좋아요! 재미있겠는데요." 로리가 말했다.

"좋아. 이걸 들고 가렴." 윈썸은 로리에게 무겁게 보이는 나무 상자를 주었다. "네가 나 대신 이 상자를 등대 지킴이에게 배달해 주면 좋겠구나."

"이게 뭐에요?"

"매우 비싼 거야. 잘 깨지니 조심하도록 하고."

"하지만…"

"이제 출발하렴, 그가 기다리고 있을 거야. 이따 다시 배에서 만나도록 하자꾸나."

언덕 위를 오르는 것은 매우 힘들었다. 로리는 초인종이 어디 있는지, 그녀를 안에 들어갈 수 있도록 문을 열어줄 사람은 있는지 알아보기 이전에 등대 아래에서 잠시 휴식을 취했다. 1층에는 어떠한 표지판도 없었다. 로리는 등대 앞에서 소리쳤다.

"안녕하세요! 저기요! 혹시 안에 아무도 안 계신가요?"

안에서 목소리가 멀리서 들려왔다. "네! 들어오세요! 문은 열려 있어요!"

로리는 헉헉거리며 커다랗고 무거운 상자를 들고 계단을 계속 올라갔다. 엑소르는 그녀의 어깨 위에 앉아 있었다. 마침내 그녀의 숨이 턱에 차오를 때쯤 언덕 꼭대기에 있는 등대 지킴이의 방

14. 앱스트랙트 섬에서

에 도착했다. 등대 지킴이는 로리에게 등을 돌리고 앉아 독수리 눈으로 먼 지평선을 보고 있었다.

"오, 좋아요." 그가 말했다. "조심스럽게 내려놔 줘요."

로리는 무거운 상자를 조심스럽게 벤치 위에 올려놓고 주위를 둘러보았다. 등대 지킴이의 방은 벽이 없다고 해도 무방했다. 벽은 온통 유리로 되어 있었다. 한쪽으로는 넓고 푸른 바다가 보였다. 반대편으로는 지평선 위로 땅이 보였다. 아마 그곳이 유저랜드이리라. 또 다른 쪽으로는 항구와 도플갱어가 보이는 해안가였다. 제복을 입은 두 사람이 철학자의 식당에서 목소리를 높이며 언쟁을 하고 있었다. 위에서 보니 섬은 훨씬 더 깔끔하고 조직적으로 정리된 것 같아 보였다.

"와! 여기선 모든 것이 보이는군요!" 로리가 탄성을 질렀다.

"그렇지요." 등대 지킴이는 여전히 등 돌리고 앉아 계속해서 바깥 풍경을 바라보며 말했다.

"그래서… 이 상자가 다인가요?"

"그게 다에요."

지킴이가 말했다. "아, 고마워요."

※ ※ ※

상자 없이 언덕 아래로 내려오는 로리의 발걸음이 가벼웠다.

"상자 안에 뭐가 있었던 걸까?" 로리가 도플갱어호로 돌아가며 엑소르에게 말을 했다.

엑소르는 주머니 밖으로 얼굴을 꺼내며 "내가 생각하기엔 전구가 아닐까 싶은데. 시시한 물건 같았어." 그가 끼어들어 말했다. "어른들은 괜히 별것 아닌 걸로 호들갑을 떨곤 하잖아."

❋ ❋ ❋

보트로 돌아오자, 윈썸은 다시 항해할 준비를 하고 있었다.
"배달 잘하고 왔구나, 고마워." 그녀가 말했다.
"천만에요. 그가 말을 별로 하지 않던데요."
"타워 속에서만 사는 사람들이 항상 그렇지 뭐." 윈썸이 말했다. "다른 사람들은 너무 말을 많이 하는걸."
"그래요?"
"곧 볼 수 있을 거야. 그래서 이제 뭘 할 거니?"
"오면서 생각을 해 봤어요." 로리가 말했다. "유저랜드는 그냥 하나의 섬이잖아요. 이 섬은 아주 흥미로워요. 하지만 섬을 돌아다니며 해밀턴에 대해 물어봐도 들어본 사람이 없대요."
"음," 윈썸이 말했다. "진짜 내 조수가 되고 싶지 않니?"
"무슨 뜻이에요?"
"집에 가고 싶다고 했잖니? 도플갱어호는 어디든 갈 수 있어. 네가 내 배달 일을 도와준다면 걸어가는 것보다 더 많은 장소에서 해답을 찾을 수 있을 거야. 수영하는 것보다도 말이지."
"조수가 되라는 게, 제가 어디로 가야 하는지 도와주시겠다는 말씀이신가요?"

윈썸이 웃었다. "갈수록 똑똑해 지는구나. 하지만 너무 똑똑해 지지는 마렴. 잠시 동안은 나랑 같이 항해하자. 난 도움이 많이 필요해. 뭐, 네가 싫다면 어디든지 네가 원하는 곳에 내려줄 수 있어. 어렵게 생각하지는 말라구."

로리는 입술을 지긋이 깨물며 잠시 생각했다. "좋아요." 그녀가 말했다.

"좋은 협상이네요!"

CHAPTER 15

영리한 해결

    도플갱어호에서 윈썸과 함께 여행하는 것은 상당히 재미있었다. 로리는 많은 장소를 방문하며 다양한 사람들을 만났다. 가끔 로리는 해밀턴으로 돌아가는 길을 찾고 있다는 것을 잊고 지내기도 했다. 하지만 윈썸이 하는 일은 쉽지 않았다.

    섬에 도착할 때마다, 윈썸은 편지가 가득 담긴 커다란 가방을 챙겨 마을로 들어가 모든 편지를 배달했다. 그녀는 빠르게 편지를 모두 배달하고, 다른 장소로 배달을 해야 하는 편지를 받아 돌아왔다.

    로리의 역할은 그중에서 '흥미로운' 소포를 배달하는 것이었다. 윈썸은 종종 소포를 가리키며 '흥미로운 물건이 들어 있다'고 했지만, 로리는 윈썸이 말하는 '흥미로운 것'이 정말로 흥미로울 거라고는 생각하지 않았다. '흥미로운' 고객들은 아무것도 없는 곳의 한가운데에 있는 높은 타워에 살거나, 흔들리는 무서운 다리위, 높은 언덕의 꼭대기, 혹은 벼랑 끝에 살고 있었다. 소포들은 무겁고 비싸지만 깨지기 쉬운 것들이었고, 배달의 목적지는 종종 신비롭거나 혼란스러운 곳이었다. 배달을 해야 하는 곳에 갈 때나 돌아올 때, 로리는 자신의 역할을 더 쉽게 처리하기 위해서 영리해져야만 했다.

불확실하게 방향을 대충 잡고 가는 것은 위험했다. 가뜩이나 이번에 배달해야 하는 소포에는 정확한 주소조차 적혀 있지 않았다. 소포에는 "우선, 비잔틴 프로세스를 따라가세요."라고 적혀 있었다. 윈썸은 다른 곳에 배달하러 가야 했기 때문에 로리는 윈썸에게 도움을 요청할 수 없었다.

"비잔틴 프로세스가 뭐지? 어떤 곳인지 감이 안 오는데…. 어떻게 따라가라는 거야?" 로리는 궁금하고 답답했다.

"우리는 지금 비잔티움의 섬에 있어." 엑소르가 말했다. "그러니 프로세스는 아마 도로 이름일 거야. 혹은 강이거나. 혹은 강 옆에 있는 도로의 이름이겠지. 이건 단순한 논리로 생각한 것일 뿐이야."

"너도 모르는 게 있구나, 엑소르?"

"알아! 내 이복 자매가 아틀라사우루스야!"

"대체 아틀라사우루스가…. 아니야. 알고 싶지도 않아."

적어도 어디에서 출발해야 하는지는 문제가 아니었다. 비잔티움으로 들어가는 입구는 매우 큰 돌로 된 건물들로 둘러싸여 있었다. 안내판에는 "모든 배달부들은 이곳으로 들어오세요."라고 적혀 있었다. 긴 빨간 카펫이 안쪽에 있는 시멘틱 회전문까지 깔려 있었다. 심볼 도시에서와 마찬가지로, 두 명의 경비원이 있었다. 경비원들은 말다툼을 하고 있는 것 같아 보였다.

"…그건 말도 안 되잖아, 안톤!"

"말이 되는 걸, 바실. 단지 네가…"

"저기요," 로리가 말했다. "저 안으로 들어가도 괜찮을까요?"

"죄송해요, 아가씨. 와치의 하위 관리자의 확인증이 있어야 해요." 안톤이 말을 시작했다.

"그리고 와치의 상위 관리자의 서명이 되어 있어야 하죠." 바실이 말을 끝마쳤다.

"그들이 누구죠?" 로리가 물었다.

"우리예요."

"오, 좋아요."

"보좌관 바실이 바로 하위 관리자이고, 내가 바로 와치의 상위 관리자…" 안톤이 말했다.

"…이지만, 짝수로 된 날에만이죠." 바실이 말했다. "홀수 날에는 내가 상위 관리자이고, 보좌관 안톤이 하위 관리자에요."

"오늘이 며칠이죠?"

"그게 바로 당신이 방해하기 전까지 우리가 토론하고 있던 거였어요." 안톤이 말했다. "어제는 펜템버의 30일이었어요. 제 생각에는 우리 둘 다 30일이 짝수인 걸 동의했지요. 그래서 제가 어제 상위 관리자였어요."

"그 말은 즉, 오늘은 헥템버의 0일이라는 건데," 바실이 말했다.

'펜템버? 헥템버? 우리가 쓰는 셈템버나 노벰버인가? 0일…? 뭐,

무엇이든지 시작하기 나름이니깐,' 로리가 생각했다. "그래서 안톤은 오늘 하위 관리자가 되고, 바실이 상위 관리자가 되는 것이 맞지 않나요?"

"그게 그렇게 쉬운 문제가 아니에요!" 안톤이 말했다.

"0이라는 숫자가 과연 홀수이냐, 짝수이냐의 문제란 말이지요." 바실이 말했다.

"아…," 로리는 0에 대해 한 번도 이렇게 생각해 보지 못했다. 이제 그녀는 혼란스러워졌다. "그래서 0은 짝수인가요, 홀수인가요?"

"0은 짝수야!" 안톤이 말했다. "0은 정확히 2로 나누어지잖아. 0 나누기 2는 0이라구."

"그건 증명할 수 없지." 바실이 말했다. "0은 어떤 숫자로도 다 나누어진다구. 그리고 어떻게 나누던지 결과는 항상 0이 나오지. 만약 0이 짝수라면, 안톤이 이틀 동안 두 번이나 상위 관리자가 된다는 건데, 난 도저히 인정할 수 없어!"

"만약 0이 홀수라면," 안톤이 말했다. "그렇다면 바실은 오늘도, 내일도 연속으로 상위 관리자가 되는 거라구. 헥템버의 첫 날부터 말이야. 나도 인정할 수 없어!"

"아가씨, 보시다시피 자신이 어느 위치에 있느냐에 따라 이건 중요한 문제가 될 수 있어요." 바실이 말했다.

"하지만…" 로리가 말했다.

"어쨌든, 당신은 이곳을 통과하기 위해서는 통과 승인 허가증이 필요해요."

"제 통과 승인 허가증이요? 전 그런 게 없어요."

"오, 물론 우리도 이곳에 통과증이 없어요." 바실이 말했다. "있다 하더라도, 보안이 매우 취약해지겠죠!"

"케이스 장군님한테 가서 통과 승인 허가증을 받아와야 해요. 만약 그가 통과라고 말한다면, 그때 저희도 승인해 드릴 수 있어요." 안톤이 말했다.

"케이스 장군은 저 복도 끝 오른편에 있어요." 바실이 말을 이었다. "자 이제 봐, 안톤. 만약 두 개의 홀수를 더하면 짝수가 되지? 그리고 0 더하기 0은 0이야. 네가 주장한 대로 0이 만약 짝수라면, 0 더하기 0도 짝수가 될 거란 말이지. 그럼 동시에 0은 홀수도 되는 거야. 0 더하기 0이 짝수이기 때문이지…."

로리는 끝이 보이지 않는 복도를 지나 '페리메터 보안 사무실, 콘스탄틴 케이스 장군'이라고 적혀 있는 문에 도착했다. 그녀는 가볍게 문을 두드리고 방 안으로 들어섰다.

"안녕하세요, 장군님? 저는 지금 문을 통과하기 위해 필요한 허가증을 받으러 왔어요."

"흠." 케이스 장군은 잠시 그가 들고 있던 종이를 바라보았다. "무슨 일이지?"

"저는 소포를 배달하려고 왔어요."

"흠. 100미터의 울타리에 필요한 기둥의 개수가 몇 개지?"

"네?"

"기둥 말이다. 꼬마야. 100미터짜리 울타리에 매 10미터마다 말뚝을 박으려고 하는데, 몇 개나 필요할까?"

"어, 10개가 아닐까요?"

"내가 생각하던 수와 같군." 그가 말했다. "하지만 말뚝의 개수가 부족하단 말이지. 아마 적들이 자꾸 훔쳐가는 것 같아."

로리는 대체 그가 무슨 말을 하고 있는지 알 수 없었다. "방해해서 죄송한데 말이에요, 혹시 제가 허가증을…"

"이걸 들고 복도 아래에 있는 다리우스 장군에게 가보렴. 로지스틱 사무실에 있을 거다." 케이스가 빈 허가증을 건네주며 말했다. "만약 그가 승인한다면, 그때 나도 승인해 주마."

"감사합니다!" 로리가 밝게 인사했다.

"흠." 그는 로리를 다리우스 장군에게 보내고 다시 울타리 문제를 고민하며 생각하기 시작했다.

※ ※ ※

다미엔 다리우스 장군은 종이를 한 무더기 쌓아 놓고 바빠 보였다. 로리는 그의 책상에서 강이 그려진 큰 지도를 발견했다. 지도는 낙서와 화살표들로 뒤덮여 있었다.

"다리우스 장군님? 전 허가증이 필요해요." 로리가 케이스에게 받은 빈 허가증을 그에게 건네며 말했다.

"여기 만델 브로콜리 때문에 온 건가?"

"어, 만델 브로콜리요? 아니요."

"그렇다면 자네는 늑대에 관한 정보를 가지고 온 거로군."

"늑대요?"

15. 영리한 해결 | 139

"그래, 늑대 말이야." 다리우스가 말했다. "내 부하들 중 한 명은 늑대와, 염소와, 만델 브로콜리 한 무더기를 컹커런트 개울가 건너편으로 옮기기 위해 노력했지. 배는 그와 다른 것들 중 한 가지만 실을 수 있는 크기였지."

"하나씩 옮기면 안 되나요?" 그녀가 물었다.

"안 좋아. 만약 그가 늑대를 데려가고, 염소와 브로콜리만 남겨 둔다면, 아마 염소가 브로콜리를 모두 다 먹어 버리고 말 거야. 만약 그가 브로콜리만 싣고 간다면, 늑대가 염소를 잡아먹겠지."

"그렇다면 염소를 먼저 싣고 가면 되겠군요." 로리가 머릿속으로 그림을 그리며 말했다. "그리고 나서… 오,"

"그래. 그 다음으로 옮기는 것이 무엇이든지 간에 그는 또 반대쪽에서 문제를 일으키고 말 거야." 다리우스가 말했다.

"그것 참 문제로군요. 그런데 전 여기에 허가증 때문에 온 거에요." 로리가 대답했다.

"그리고 난 지금 이렇게 시민들과 수다를 떨 시간이 없어. 네가 준 게 뭔지 간에 들고 레코드 사무실에 있는 에우리피데스 장군을 찾아가." 다리우스가 로리에게 종이를 돌려주며 말했다. "만약 그가 승인한다면, 나도 승인해 주마."

로리는 다시 복도를 걷기 시작했다.

✳ ✳ ✳

에우리피데스도 그만의 문제가 매우 많아 보였다. 레코드 사무실에는 커다란 기록 책들을 올려놓은 테이블 주변에 사람들로 가득 찼다. 어떤 사람들은 책에 있는 긴 숫자의 나열들을 읽기 위해 노력하고 있었다. 다른 사람들은 책 속에 새로운 숫자들을 적고 싶어했다. 독자와 작가는 서로 몸부림치며, 그들이 하고자 하는 것을 했다. 언제든지 싸움이 일어날 것만 같았다.

장군은 테이블과 테이블 사이를 발에 불이 나듯 걸으며, 불만들을 듣고, 명령을 내리고 있었다. 군중들은 그를 쫓아다니며 그의 관심을 사기 위해 하나둘씩 소리쳤다. 그는 생각할 시간을 간신히 갖고 있는 것 같아 보였다.

로리는 방 안으로 들어가 군중 앞으로 가기 위해 몸부림을 쳤다.
"저기요? 에우리피데스 장군님? 저 좀 도와주실 수 있나요?"
"어? 오, 또 다른 사람이군. 자네는 독자인가, 작가인가?"
"전 독자도, 작가도 아니에요. 전 허가증 승인이 필요…" 로리가 말하기 시작했을 때, 장군은 언성을 높였다.
"그렇다면 자네는 무엇을 원해서 온 건가? 독자? 어떤 책 말이지?" 에우리피데스가 돌아와 물었다.
"아니요, 장군님. 저는… 장군님? 저기요?"
에우리피데스는 방의 다른 구석으로 이미 이동해 있었다. 로리는 그의 관심을 다시 끌기 위해 노력했지만, 사람들은 로리의 길을 막았다.

❋ ❋ ❋

로리는 복도 바닥에 앉아 머리를 푹 숙였다. 너무 지치고 혼란스러웠다. 만델 브로콜리, 울타리 말뚝, 허가증, 이 장군, 저 장군, … 언제 끝나는 거지? 그녀는 아직도 다음 책을 갖기 위해 싸우는 사람들의 소리가 들렸다.

"저 사람들은 너무 무례하고 불친절해." 그녀가 투덜댔다. "순서를 정해서 같이 나눠서 보면 되지 않나?"

"아마 그 누구도 그들에게 그런 방법을 알려주지 않았나 보지." 엑소르가 말했다. "내 사촌 렉스는 절대로 공유하는 걸 좋아하지 않아. 물론, 그는 40미터나 되는 키에 이빨은 네 팔뚝만 할 거야."

"누군가가 그들에게 방법을 가르쳐줘야 해. 이건 너무 불합리해."

"응," 엑소르가 말했다. "야, 네가 바로 그 누군가가 되는 게 어때?"

"내가?"

"그래! 난 아마 네가 그 누군가가 될 수 있을 거라고 생각하는데. 안 그러면, 넌 아무것도 아닌 사람이 될 거야. 그리고 넌 어느 누구에게도 인정받지 못하겠지."

"하지만 난 단지 어린아이일 뿐인걸. 그 누구도 어린아이에게는 관심을 갖지 않아."

"그래서? 그 누구도 마찬가지로 나에게 관심 가져주지 않는걸." 그가 말했다.

"하지만 네가 원하는 게 바로 그거 아니야? 안 보여서 관심도 받지 않는 것 말이야."

"오. 맞아."

"우리가 무엇을 해야 할까, 엑소르?"

"모르겠어. 생각해 봐. 너 그런 거 잘하잖아."

"아니. 난 못해." 로리가 중얼거렸다.

"정말? 팅커 씨는 네가 생각을 잘한다고 했는걸. 윈썸 씨도 마찬가지고."

로리는 다시 고개를 숙이고 한숨을 쉬었다. "난 단지 우편 배달부 소녀일 뿐이야."

"아니, 너는 윈썸 씨의 '흥미로운' 우편 배달부 소녀지." 엑소르가 말했다.

"그래서?"

"그래서 넌 이제 다른 사람들이 하지 못하는 것들을 잘 알아낼 수 있게 되었잖아. 너 심볼 도시에서 포넨스알 톨렌스와 다투었던 거 기억나? 난 네가 그 사람들을 이기는 방법을 생각해 낼 줄 몰랐는데. 하지만 해냈잖아. 그 무지막지한 늙은 노인 제인도 통과했고 말이야."

"그래, 그들은 날 붙잡지도 못했어." 로리가 살짝 웃었다.

"커스터디가 널 붙잡기 전까지는 말이지."

"그리고 윈썸 씨가 그때 날… 오,"

"왜?"

"난 돌아가서 윈썸 씨에게 배달을 하지 못했다고 도저히 말을 못하겠어! 문 앞까지 가보지도 못하고 말이야!"

"왜 못하겠다는 거야?" 엑소르가 물었다.

"나는 단지… 난 못해. 아니야 윈썸 씨는 나에게 일도 시켜주었어. 그리고 이건 내 스스로 해결해야 하는 일이 맞는 것 같아."

로리는 지금 당장 할 수 있는 일도 없고, 갈 수 있는 곳도 없다는 것을 깨닫고 차근차근 다시 생각하기 시작했다.

다리우스에게 허가증을 받아내기 위해서는 에우리피데스에게서 승인 허가증을 받아내야 했다. 그러고 난 뒤, 두 명의 허가증이 있어야 케이스 장군에게서 허가증을 받을 수 있다. 그 허가증이 있어야지만 바실과 안톤에게서 승인을 받고 마을 안으로 들어갈 수 있다. 비잔틴에서의 혼란에 익숙한 광경이 갑작스럽게 떠올랐다. 휴 러스틱이 그녀에게 말해주었던 것들이다. '네가 직면한 문제에 정확히 딱 떨어지는 정답만을 찾지 말고, 네가 먼저 적절한 답을 생각해 보도록 하고 그 답을 문제에 맞추도록 해보라는 소리지.'

에우리피데스는 그가 직면한 문제에 몰두하고 있었다. 모든 사람은 한 번에 자신들이 원하는 모든 일들을 해결하고자 했다. 아마 여기에서부터 문제를 해결해야 하리라….

※ ※ ※

반 시간 후, 로리는 레코드 사무실로 다시 들어갔다. 그녀는 소리지르거나 사람을 밀치거나, 또는 사람들을 앞질러 나아가지 않았다. 로리는 사람들 사이에서 잠시 기다렸다. 마침내 수많은 책 중 한 권이 완전히 사람들의 손에서 떨어졌다. 로리는 그 책 가까이 걸어가 사무실 바닥에 선을 그었다.

한 여자가 책에 숫자를 적기 위해 다가왔다. 로리는 한 걸음 옆으로 벗어나 그 여자가 일을 볼 수 있도록 했다. 잠시 후, 한 남자가 다가와 그 여성이 들고 있던 책을 읽고자 했다.

"새로운 규칙입니다." 로리가 말했다. "먼저 오신 분이 일이 끝날 때까지 선 앞에 서서 잠시만 기다려 주세요."

"난 지금 빨리 1728페이지에 적힌 것을 읽어야 한단 말이다!"

"죄송해요." 로리가 말했다. "장군님의 명령이세요. 다음 차례까지 기다려 주세요."

"오, 그렇다면 그래야지." 그 남자는 책 앞에 그어진 선 앞에 침착하게 서 있었다. 다음 사람이 나타나 1024페이지를 읽고자 했다.

로리는 사람들이 자연스럽게 줄을 서 자신의 차례를 기다리는 행동을 반복할 때까지 기다렸다. 새로운 사람이 나타날 때마다 이미 줄을 선 사람의 뒤에 서기 시작했다. 그 후, 로리는 다른 책이 사람들의 손에서 내려 놓아질 때까지 기다렸다.

이런 방법이 사람들 사이에서 퍼져 나가면서, 사람들은 다른 책들 앞에서도 그들 스스로 사무실 바닥에 선을 긋기 시작했다. 곧, 레코드 사무실은 침착해지고 질서정연해졌다. 모두 장군의 명령이라고 알고 있었기 때문이다.

에우리피데스는 자신의 사무실에서 벌어지고 있는 이 광경을 도저히 믿지 못했다. 독자와 작가는 모두 간단한 규칙을 지키며 자신의 차례를 기다리고 있었다! 그는 드디어 휴식을 취할 수 있게 되었음을 기뻐하며, 더 이상 생각을 하지 않고 로리에게 승인 허가증에 서명을 해주었다.

❄ ❄ ❄

"다리우스 장군님?"

"또 너로구나. 브로콜리 운송 문제를 해결하기 전까지는 난 아무것도 다른 일에 신경 쓰고 싶지 않단다."

"제 생각에는 만델 브로콜리는 더 이상 걱정하실 필요가 없는 것 같아요." 로리가 말했다.

"뭐라고? 넌 염소가 그 브로콜리들을 다 먹으라고 말하는 거니?"

"아니요. 정답은 장군님께서 생각하셨던 것과 똑같았어요. 아마 늑대가 두 마리 있었더라도 정답은 맞았을 거예요. 염소를 혼자 내버려 두지만 않으면 괜찮아요. 잠깐 다르게 생각해 보면 참 쉬운걸요. 제 생각엔 말이에요."

"계속 해보렴." 장군이 말했다.

로리는 잠시 생각을 한 뒤, 생각해 낸 방법을 종이에 적었다. 로리가 적고 있던 방법은 마치 팅커 씨의 알고리즘과 비슷했다.

1. 염소를 먼저 강 건너로 이동시킨다.
2. 빈 배로 돌아온다.
3. 늑대를 배에 싣고 돌아와서, 늑대를 강 건너편에 내려놓고

15. 영리한 해결 | 147

염소를 다시 태워 돌아온다.
4. 염소를 다시 제 자리에 두고 만델브로콜리를 싣고 강 건너에
　　내려놓는다.
5. 빈 배로 돌아온다.
6. 마지막으로, 염소를 싣고 강 건너로 간다!

　다리우스는 로리가 적은 것을 잠시 읽어 보더니, 머릿속으로 상상을 하며 손을 이리저리로 움직였다.
　"이대로라면 가능하겠구나. 염소가 이리저리로 움직여 다니는 것을 좋아하진 않겠지만, 늑대에게 먹히는 것보다는 낫겠지." 다리우스가 말했다. "자, 이제 원하는 것이 무엇이지, 소녀야?"

❄ ❄ ❄

　마지막으로, 로리는 페리메터 보안 사무실로 돌아왔다. "케이스 장군님? 다리우스 장군님께서 제 허가증에 서명을 해주셨어요."
　"흐음," 케이스가 다리우스의 서명 아래에 사인을 하며 한숨을 쉬었다.
　"감사합니다, 장군님."
　"흠."
　"아… 참, 장군님. 한 가지 더 있어요." 로리가 말했다.
　"뭐지?"

"제가 생각하기엔, 어느 누구도 울타리의 말뚝을 훔쳐가지 않았어요. 알고 보니 말뚝이 10개가 아니라 11개가 필요하더군요. 자, 보세요."

"흐음!"

* * *

"아가씨, 다시 돌아오셨군요." 안톤이 말했다. 로리는 비잔틴의 장군들에게 받은 서명이 적힌 종이를 건넸다.

"순서대로 다 진행이 된 것 같네요." 바실이 로리의 허가증을 보며 말했다. "이 허가증만 있으면 어디든지 출입이 가능합니다!"

"더 하실 말씀이 있나요, 아가씨?" 안톤이 물었다.

"더 할 말이라니요?"

"보좌관 안톤이 뜻하는 건 말이죠," 바실이 말했다. "저희가 더 알아야 하는 것이 있느냐는 거죠."

"오, 맞아. 제 생각에는 안톤이 옳았어요. 숫자 0은 짝수에요."

"아니야!" 바실이 말했다.

"맞아요. 0은 홀수가 될 수 없어요. 왜냐하면 1이 홀수이기 때문이지요. 연속된 숫자 안에 홀수 두 개가 연달아 나올 순 없다는 건 알고 계시죠?"

"맞는 말이군!" 안톤이 말했다.

"홀수가 연달아서 나오길 원했던 건 아니었어." 바실이 투덜거렸다. "하지만 그 이유 하나만으로는 0이 짝수라는 걸 증명할 수 없는걸."

"음, 만약 홀수의 숫자와 짝수의 숫자를 더하면 항상 홀수가 나온다는 걸 알고 계실 거에요." 로리가 말했다.

"어…" 바실이 생각에 잠겼다. "1 더하기 2는 3이고, 2 더하기 3은 5지, 맞아."

"이걸 이용해보면 0이 홀수인지 짝수인지 증명할 수 있어요. 0과 다른 홀수의 숫자를 더해서 어떤 숫자가 나오는지 보세요. 0 더하기 1은 1이죠. 1은 홀수에요. 그래서 0은 짝수가 될 수밖에 없어요." 로리가 말했다.

"만족스럽지 못한 증명인걸." 바실이 말했다.

"좋아요," 로리가 말했다. "만약 짝수 두 개를 더하면 항상 짝수의 값만 나온다는 건 알고 있으시죠? 0 더하기 2는 2에요. 2는 역시 짝수죠. 0은 또 짝수라는 게 증명됐어요!"

"정확해!" 안톤이 말했다.

"흠," 바실이 헛기침을 했다. "그래서 0이 짝수라는 거군. 하지만 안톤이 연달아 이틀이나 상위 관리자가 되는 건 내가 견딜 수 없겠는걸."

"쉬운 방법이 있어요." 로리가 말했다. "어제가 짝수날인 30일이었다는 것이 문제였네요. 그리고 오늘은 0일, 마찬가지로 짝수에요. 안톤은 어제 상위 관리자였죠. 그러니 바실, 당신이 오늘 상위 관리자가 되는 거에요."

"아니, 잠깐만…" 안톤이 말했다.

"…하지만 점심 시간 전까지만이에요." 로리가 말했다. "점심 시간이 지난 뒤에는, 안톤이 상위 관리자가 되는 거죠. 가장 공평한 방법 같아요."

"똑똑하군!" 상위 관리자 바실이 말했다. "하위 관리자 안톤, 이 어린 아가씨의 허가증에 서명을 하게!"

증명하고, 증명을 하고, 또 증명을 한 뒤, 그제서야 서명을 받고 입구에 들어설 수 있었다. 로리는 드디어 회전문을 열고 지나갔다.

"드디어 끝났구나." 엑소르가 말했다. "이제, 비잔틴 프로세스가 뭔지 알아볼까?"

CHAPTER 16

계획 변경

소포에 적힌 주소에는 또 다른 문장이 적혀 있었다. '두 번째로, 언덕 위의 등대에서 망을 보는 곳에 있는 브루토 푸에르자에게 배달해 주세요.' 로리와 엑소르는 등대를 찾아 두리번 거렸지만 언덕은 먼지가 잔뜩 낀 안개로 뒤덮혀 있어서 등대를 전혀 볼 수 없었다.

"윈썸 씨와 함께 일하니? 제시간에 왔구나." 로리와 엑소르가 그 장소에 도착하자 브루토 씨가 말했다. "우리가 예정보다 완성 일정이 조금 늦어져서 말이야. 등대는 아직 완성되지 않았단다. 우리는 밤낮으로 등대를 완성시키는 일을 한단다."

"저기 보이는 성 위에 등대를 세우려고 하시나요?" 로리가 물었다.

"성이라니?" 브루토가 물었다. "저게 바로 등대란다."

초록색 껍데기의 동그란 생물들이 거대한 건축물을 세우느라 매우 바빠 보였다. 마치 그 생물들은 기계처럼 보였다. 그 생물들은 팅커 씨의 거북이와 똑같이 생겼지만, 거대한 트럭의 크기였다. 그 거북이들은 로리가 보는 앞에서 벽돌을 다른 벽돌들 위에 내려놓으며 벽과 계단과 창문을 만들고 있었다.

"저 벽 밖에 나와 있는 것들은 무엇이죠?" 로리가 타워의 한 쪽에 쌓여 있는 지지대 한 무더기를 가리키며 물었다.

"문제가 끊임없이 발생하고 있어." 브루토가 고개를 저으며 침을 뱉고 말했다. "서쪽 벽이 바깥으로 계속 허물어지고 있었어. 그래서 우리는 지지대를 세웠지. 그랬더니 벽이 안쪽으로 허물어지더구나."

"그래서 예정 일자가 늦어진다고 하신 건가요?" 그녀가 물었다. 로리가 보기엔 무언가가 너무 허술해 보였지만, 손을 댈 수 없었다. 너무 지저분하고 엉망이었다.

"항상 문제는 발생하는 거지." 브루토가 말했다. "큰 건물을 지을 때면 항상 큰 문제가 발생하곤 한단다. 하지만 더 열심히 고치고 더 힘을 쓰다 보면 언젠간 문제를 해결할 수 있단다."

"열심히 일하고 계신 것 같긴 한데 확실히 더 많은 힘을 들이고 있네요." 로리가 입을 약간 삐죽거리며 말했다. "저 많은 거북이들이면 무엇이든지 가능하겠지!", "거북이들에게 어떻게 타워를 세우는 법을 가르치셨나요?"

"자 여기, 내가 보여주지." 브루토는 근처에 있는 천막으로 로리를 데리고 갔다. 여러 사람들이 테이블에 둘러앉아 일을 하고 있었다. "첫 번째로, 우리는 종이에 계획들을 적는단다."

벽돌 – 선 (BRICK-LINE) :
벽돌을 내려놓고,
한 걸음 앞으로 간다.
벽돌을 내려놓고,
한 걸음 앞으로 간다.
벽돌을 내려놓고,
한 걸음 앞으로 간다.
…

"이 계획은 벽돌을 일자로 세울 때 쓰이는 방법이지. 우리는 이 벽돌 선으로 쌓은 벽돌 무더기 위에 또 벽돌 선을 쌓는단다. 이렇게 수차례 반복하면 벽을 만들 수 있지. 벽을 더 두껍게 만들 때는, 우리는 조금 더 많은 명령을 내린단다."

벽돌 – 선 – 두 번째 버전 (BRICK-LINE-VERSION-TWO) :
벽돌을 내려놓고,
벽돌을 또 내려놓고,
한 걸음 앞으로 간다.
벽돌을 내려놓고,
벽돌을 또 내려놓고,
한 걸음 앞으로 간다.
벽돌을 내려놓고,
벽돌을 또 내려놓고,
한 걸음 앞으로 간다.

벽돌을 내려놓고,
벽돌을 또 내려놓고,
한 걸음 앞으로 간다.
벽돌을 내려놓고,
벽돌을 또 내려놓고,
한 걸음 앞으로 간다.
…

"와, 이렇게 계속해서 이어가는 거군요." 로리가 종이를 넘겨 읽어 보며 말했다. "모든 과정을 다 적으려면 죽을 때까지 적어야 할 것 같은데요."

"거대한 건물을 만들 땐 그만큼 거대한 계획이 필요한 거란다. 거대한 계획은 많은 노동과 인력이 필요로 하지. 논리적일 뿐이야." 브루토가 말했다. "계획을 적는 건 그다지 나쁜 부분이 아니야. 하지만 우리는 벽돌이 부족해지고 있다고!"

"정말인가요? 왜죠?"

"우리가 처음에 세웠던 계획대로는 벽이 튼튼하지 못해서 금방 무너졌단다. 그래서 우리는 두 배로 두껍고 두 배로 크고, 두 배로 높은 건물을 만들고 있지. 2배의 2배의 2배면 8배나 필요하다구."

"그래서 8배나 더 많은 벽돌이 필요하다는 건가요?" 로리가 물었다.

"공급에 문제가 있을 뿐이야."

"이번 계획은 차질이 없을 거라고 어떻게 확신하시는 거예요?"

"우리는 시시껄렁한 아마추어들이 아니라구, 꼬마야. 우리의 알고리즘을 많이 테스트해 봤지." 브루토가 말했다. "이걸 보거라!" 반대쪽에는 작은 거북이들과 작은 벽돌이 쌓여 있는 테이블이 있었다.

"저기, 저 거북이들도 타워를 세우고 있어요!" 로리가 탄성을 질렀다. 물론, 작은 거북이들도 큰 거북이들이 실행하고 있는 똑같은 계획대로 성을 쌓고 있었다.

"우리는 이렇게 작은 비율로도 건물을 지어보며 테스트한단다." 브루토가 설명했다.

"하지만 브루토 씨, 큰 건물과 작은 건물 모형은 무너지는 데 이유가 같지 않은걸요."

"가끔 몇 문제들은 큰 건물을 지을 때만 발생하기도 하지. 그런 일이 일어나면 그때마다 우리가 조정한단다."

"오," 로리가 말했다. "하지만 만약 이 모형이 실제 건물과 크기가 같지 않다면, 어떻게 확신을…"

동시에 그들이 뒤를 돌아보자 큰 덩치의 건물이 무너지고 있었다. 브루토는 오랜 시간 동안 제자리에 가만히 서서 거북이들이 무너진 벽돌들을 치우고 있는 모습을 바라보고 있었다.

"이제 등대를 더 크게 만들 생각이신가요?" 로리가 물었다.

"아니. 이제 우리는… 우리는…. 근본적으로 계획을 다 바꾸어야겠군! 모두들 모여 보세요." 브루토는 누군가를 딱 집어 불러 말하지 않았다. "다 치워요! 이전의 계획들은 모두 잊고! 다시 생각해봅시다! 새로운 계획이 필요해요!"

"이번에는 벽을 4배로 두껍게 하는 대신, 성의 높이를 3배만 높이는 것이 어떨까요?" 한 일꾼이 말했다.

"더 많은 지지대를 건물 안과 밖에 둡시다!" 다른 일꾼이 소리쳤다.

"더 큰 벽돌을 사용해야 합니다!"

"강철로 된 벽돌을 만들어야 해요!"

"강철은 너무 비싸요. 철로 만든 벽돌은 어때요?"

"당신 제정신이야? 철은 녹슨다고!"

"제가 그래서 삼각형을 이용해야 한다고 말하지 않았습니까!"

"안쪽에만 벽돌을 사용하고, 바깥쪽에 강철을 세우는 건 어때요."

"좋아요! 매우 좋아요! 계속 생각을 꺼내 보세요. 우리는 기존 방식의 틀을 깨고 생각해 내야 합니다! 더 없어요?" 브루토가 물었다.

"원형의 모양은 어때요? 앱스트랙트 섬에 있는 등대처럼 말이죠." 로리가 제안했다. 그녀는 잠시 생각에 잠긴 뒤, 짧은 시처럼 적어내려 갔다.

벽돌-원형 (BRICK-CIRCLE) :
벽돌을 내려놓고,
오른쪽으로 1도 돌린다.
한 걸음 앞으로 간다.
360번 반복한다.

타워-원형 (얼마나-높게?) :
'벽돌-원형'을 만든다.
(원하는 높이?) 번 반복한다.

"보셨죠? 이렇게 원형 모양으로 벽돌을 쌓고, 그 위에 계속해서 원형으로 쌓으면 돼요. 꼭대기까지 말이죠!" 로리가 설명했다.

"하하하, 귀여운 발상이구나, 꼬마야! 하지만 이건 실현 불가능하단다."

"왜 안 된다는 거죠?" 로리가 물었다.

"계획이 너무 작잖니!" 브루토가 말했다. "어떻게 이렇게 작은 계획으로 그 커다란 건물을 지을 수 있을 거라고 생각하는 거니?"

"잘 모르겠어요." 로리가 말했다. 그녀에게는 가능할 것처럼 보였지만, 아마도 그들은 그녀가 모르는 것들까지 알고 있으리라. 그들은 어쨌든 전문가였으니까. "제 생각에는… 가능할 것 같아요."

"흠," 브루토는 생각에 잠겼다. "계획이 충분히 크더라도, 항상 큰 결함들을 갖고 있었지."

"어떤 결함이요?"

"우리의 첫 번째 계획은 속이 빈 사각형의 모양의 건물을 짓는 것이었지만, 금방 무너졌어." 브루토가 말했다. "두 번째 계획은 두 배로 큰 속이 빈 사각 모양의 건물을 짓는 것이었지만, 이 계획 또한 무너졌어. 네 계획은 속이 빈 원형 모양의 건물이라니."

"이해가 잘 가질 않아요. 원형은 더 튼튼하지 못하다는 건가요?"

"분명한 건, 문제는 모양이나 크기가 아니었던 거야. 속이 비어 있었던 것이 문제였지!" 브루토가 말했다. "우리는 안쪽도 벽돌로 쌓아야겠어. 가장 논리적이군."

"맞는 말씀입니다, 브루토 씨!" 한 일꾼이 말했다.

"그래서 당신이 저희의 지휘자인 거죠!" 다른 일꾼이 말했다.

"하지만 전 속이 비어 있는 건물들을 많이 봤는걸요." 로리가 말했다. "심지어 옛날에 지어진 건물들이었어요."

"그 건물들이 갑자기 무너질지 어떻게 아니? 증거가 이렇게 명백한데 말이야." 브루토가 말했다.

"네, 매우 명백하죠!" 다른 일꾼이 고개를 끄덕이며 동의했다.

"하지만 전…"

"아니. 난 이미 결정했어." 브루토가 말했다. "건물은 무조건 단단하고 견고해야 해. 잠깐," 그가 말했다. "우리는 피라미드 모양으로 만들어야겠어."

"피라미드요?!"

"피라미드는 절대 무너질 리가 없지. 이미 아래에 무게가 많이 실려 있으니깐 말이야." 브루토가 설명했다. "가장 견고한 모형 중 하나지!"

"네, 맞는 말씀이십니다!" 한 일꾼이 동의했다.

"천재예요!"

"더 많은 노동력과 더 많은 재료가 필요한 게 문제로군요."

"좋아! 계획이 생겼어." 브루토가 말했다. "여러분, 가서 일합시다! 윈썸 씨에게 내 사과를 대신 전해주겠니, 꼬마야? 그리고 등대가 완성되기까지는 더 많은 시간이 필요할 것 같다고 전해주렴."

몇 명의 사람들은 이렇게 논쟁을 할 수도 없었다. 로리와 엑소르가 도플갱어로 돌아갈 준비를 하자, 브루토와 그의 일꾼들은 그의 피라미드 모양의 건물을 짓기 위한 계획을 작성하느라 바빠 보였다. 벽돌을 쌓고, 또 쌓고, 또 쌓고.

CHAPTER 17

엘레강트를 찾아서

"좋아." 윈썸이 그녀가 갖고 있던 배송지 목록에서 푸에르자의 배달 품목을 지우며 말했다. "엘레강트 섬이 다음 목적지군. 특별한 소포들이 어디 있을까?"

"우와, 저건 무슨 동물이에요?" 로리가 손가락으로 해안을 가리키며 물었다. 회색의 긴 코를 가진 작은 동물들이 해변을 따라 서로 놀고 있거나 태양 아래에서 낮잠을 자고 있었다.

"저것들이 엘레강트란다. 이 섬에는 저 동물들로 가득 차있어." 윈썸이 대답했다.

"너무 작고 귀여워요! 마치 춤을 추고 있는 것 같아요."

"그래. 소포가 어디 있더라, 소포가…" 윈썸이 혼자 중얼거렸다. "네가 살던 곳에는 엘레강트가 없었니?"

"없어요. 코끼리는 있지만, 코끼리는 크고 둔한 걸요. 엘레강트는 사람들과 잘 어울려 노나요?"

"그들이 필요할 때만 그렇지." 윈썸이 말했다. "찾았다! 좋아, 이 소포는 프레스넬 굿글래스 씨에게 전달해 주면 돼."

"주소에 '빨간 풍선 아래'라고만 적혀 있는 걸요." 로리가 말했다. "아마 저기쯤에 살고 계신 것 같아요." 그녀는 나무 위에 떠 있는 빨간 구체를 가리켰다.

하지만 로리는 배달을 하러 가는 길에 엘레강트와 놀고 싶었다. 그녀는 조심스럽게 엘레강트에게 다가가 조용히 "쿠우, 쿠우." 소리를 냈다.

"이젠 네가 새라도 된 줄 알아?" 엑소르가 쏘아 말했다.

"조용히 해. 저 애들의 관심을 끌어보려고 해."

엘레강트는 로리를 무서워하거나 궁금해하지 않는 것 처럼 보였다. 사실 그들은 로리가 그곳에 전혀 없는 것처럼 행동하고 있었다.

해안가의 나무 아래가 엘라강트의 서식지로 보였다. 로리가 해안가를 벗어나 육지로 들어갈수록 눈에 띄는 엘레강트의 수가 점점 줄어들었다.

✻ ✻ ✻

풍선이 보이는 방향으로 따라가자, 로리와 엑소르는 쉽게 올라갈 수 있어 보이는 언덕을 발견했다. 하지만 그들이 도착했을 땐, 특별한 것들은 없어 보였다. 커다란 닻이 반쯤 땅에 묻혀 있었다. 풍선에 달려 있는 바구니에는 밧줄이 높이, 높이, 높이 묶여 있었다. 두 마리의 작은 엘레강트는 나무 아래에서 숨바꼭질을 하고 있었다. 어떤 건물도, 사람도 전혀 보이지 않았다.

"우리가 제대로 찾아온 게 맞는 걸까?" 로리는 궁금해졌다. "대체 등대가 어디에 있는 거지?"

"이봐, 로리, 와서 이것 좀 봐." 엑소르는 '용무 시 벨을 울려주세요.'라고 적혀 있는 팻말 위에 매달려 소리쳤다. 팻말 아래에는 작은 종이 달려 있었다. 그들은 서로를 바라보고 어깨를 으쓱였다. 엑소르는 그의 꼬리로 종을 세게 쳤다.

댕 ooooooooooooooooooooooo

종은 작은 크기에 비해 매우 큰 소리를 냈다.

17. 엘레강트를 찾아서

⭕⭕⭕⭕⭕⭕⭕⭕⭕⭕⭕⭕⭕⭕⭕⭕⭕⭕⭕⭕⭕⭕⭕⭕⭕⭕⭕⭕

엑소르는 종 바로 옆에 있었다. 소리에 놀란 작고 불쌍한 도마뱀은 밝은 남색으로 변하더니 바닥으로 떨어졌다.

⭕⭕⭕⭕⭕⭕⭕⭕⭕⭕⭕⭕⭕⭕⭕⭕⭕⭕⭕⭕⭕⭕⭕⭕⭕⭕⭕⭕

로리는 소리가 사라질 때까지 귀를 막고 있어야 했다.

⭕⭕⭕⭕⭕⭕⭕⭕⭕⭕⭕⭕⭕⭕⭕⭕⭕⭕⭕⭕⭕⭕⭕⭕⭕⭕⭕⭕

종의 울림이 멈추자, 어린 엘레강트는 어디에도 보이지 않았다. 로리는 엑소르를 손으로 잡았다. 엑소르의 피부는 하얀색으로 변했고, 눈은 사방팔방으로 돌아가고 있었다.
"엑소르! 너 괜찮아?"
"그런 것 같아. 무서워서 죽는 줄 알았네!"
머리 위에서 '휘익' 하는 소리에, 로리는 위를 올려다보았다. 엘리베이터 상자가 스스로 그들의 앞까지 내려왔다. '딩!' 소리를 내며 엘리베이터의 문이 열리자 그들은 흠칫했다.
로리는 소포를 들고 한 번 주위를 둘러본 뒤, 상자 안쪽으로 걸어 들어갔다. 문이 닫히자, 엘리베이터는 매우 빠른 속도로 올라가기 시작했다. 로리는 발가락이 덜덜 떨리고 속이 울렁거릴 정도였다.

문이 다시 열렸을 때, 그들은 지상 100미터 위의 바구니 속에 있었다. 이곳은 마치 작은 아파트 같았다. 침대와 매우 편안해 보이는 책상이 있었다. 회색 수염에 뾰족한 귀를 하고 있는 주름진 늙은 노인이 로리를 바라보며 웃었다.

"이곳은… 당신이 프레스넬 굿글래스 씨인가요? 전 로리예요. 당신 앞으로 온 소포를 갖고 왔어요."

"그래, 바로 이거야! 그래! 바로 나란다! 그래, 너지! 고맙구나!" 그 남자는 소포를 받으며 말했다. "나의 하늘에 떠 있는 등대 집에 온 걸 환영한다. 이곳은 어떤 것 같니?"

"이곳은 등대가 아니에요." 로리가 엘리베이터를 내리기 전에 직물로 짜여진 바닥에 발을 살살 디디며 말했다. "풍선이잖아요!"

"여기는 등대가 맞단다. 풍선 모양일 뿐이야. 저 위에 있는 큰 전구가 보이니?" 프레스넬이 물었다. 확실히 이곳에는 커다란 등대 전구가 위에 매달려 있었다.

"하지만 올라오는 계단은 없나요?" 로리가 물었다.

"계단 대신 엘리베이터가 있잖니. 내 늙은 몸에는 이것이 더 편하단다."

"등대지기의 방은요?"

"넌 단지 편하게 이 바구니 바깥을 바라보면 된단다."

"타워는요?"

"필요하지 않아! 다 불필요한 것들이야!" 프레스넬이 말했다. "등대에 있어서 가장 중요한 부분은 불빛이지, 건물이 아니야."

로리는 납득이 되지 않았다. "단지 풍선 위에 빛을 달아 놓고 이곳이 등대라고 말씀하시면 안 돼요."

"안 돼?"

"안 돼요!"

"왜 안 된다는 거지?"

"왜냐하면… 반칙이에요." 그녀가 말했다.

"흠. 난 네가 무슨 말을 하려고 하는지 알 것 같구나." 프레스넬이 동의했다. "하지만 제 역할을 하고 있는 한은, 이름이 중요한 게 아니란다."

"중요해요!"

"아마 네가 옳겠지." 그가 또다시 동의했다. "하지만 난 나쁜 주인이구나! 여기까지 걸어오느라 힘들었을 텐데 말이야. 물 좀 마시겠니?" 프레스넬은 그녀에게 물주전자와 유리 용기를 건네주었다.

"오, 네. 감사합니다." 로리는 컵을 집어 들어 물을 채우려고 했다. 물이 그녀의 신발에 철철 흘러내렸다.

"이봐요! 컵에 바닥이 없잖아요!"

"아가야, 그건 컵이 아니란다. 단지 유리일 뿐이지." 그가 말했다.

"이 유리는 바닥이 없어요. 제가 어떻게 물을 마시라는 거죠?"

"두 번째로 생각해 보자면, 그건 유리라고 하기엔 적절하지 못하지." 프레스넬이 말했다. "이건 머그란다. 손잡이 보이지?"

"알았어요. 이 머그는…"

"세 번째로 생각해 보자면," 그가 턱수염을 만지며 말했다. "이건 유리로 만들어졌지만 손잡이가 달렸지. 그래서 아마 우리는 이걸 유리-머그나 머그-유리라고 불러야…"

"뭐라고 부르던 상관 없어요!" 로리가 소리쳤다. "이건 바닥이 없고 물이… 제 말은, 음, 당신이 이걸 유리라고 불렀지만, 이건 … 오." 그녀의 얼굴이 붉어졌다.

프레스넬이 로리에게 유리로 된 다른 머그컵을 건네주었다. "네가 또 맞았단다. 물건들은 그 자체 그대로야. 사람들이 뭐라고 부르든지 간에 말이야."

"그렇지만 이름은 중요한 게 아닌가요?" 로리가 새로 받은 컵을 조심스럽게 다시 확인하며 물었다. 다행히도 이 컵은 바닥이 있었다.

"이름은 단지 어느 정도까지만 설명해 준단다. 그리고 수많은 이름은 사실 똑같은 것을 가리키면서 숨어 있기도 하지."

"정말요?"

"당연하지. 네 이름은 로리거나 로렌일 것 같구나."

"음, 둘 다 맞아요. 하지만 전 로리라고 부르는 것이 더 좋아요. 엄마가 매우 화나셨을 때만 절 로렌이라고 부르셔요." 그녀는 양손을 뒷짐 지우고 고개를 푹 숙였다. '로렌 입섬, 당장 계단 내려오거라!'

프레스넬은 목젖이 보일 만큼 입을 크게 벌리며 웃었다. "이름은 매우 큰 힘이 있지. 하지만 로렌이든, 로리이든지 간에 같은 사람이잖니. 그리고 때때로는 서로 다른 것들이 같은 이름을 가질 때도 있단다. 네가 너의 엄마를 '엄마'라고 부르지만, 나도 나의 엄마를 '엄마'라고 부른단다."

"하지만 전 당신의 엄마에게 '엄마'라고 부르지 않는 걸요!" 로리가 말했다. 그 얼마나 이상한 광경이 되겠는가?

"그렇지. 단순한 논리란다. 넌 사물을 볼 때, 그것의 진실된 모습을 보기 위해서는 이름을 크게 신경 쓰지 않고 봐야 한단다. 그것이 바로 프레스넬의 첫 번째 법칙이야."

"방금 마치 에포니머스 바흐 씨 같았어요." 로리가 말했다.

"정말이니? 음, 사실 나도 작곡가란다." 프레스넬이 말했다. "난 큰 아이디어에서 시작해서 그 아이디어들을 작게 만든단다."

"작게 만든다구요? 왜죠?"

"안 될 이유가 뭐가 있겠니? 작은 생각만 하는 사람들만이 큰 문제를 해결하기 위해서는 큰 아이디어가 필요하다고 생각한단다."

로리는 그가 무슨 말을 하는지 이해할 수 없었다. "어떻게 아이디어를 작게 만드시나요?"

"분해하는 것이란다. 넌 등대에 대해 이야기할 때, '등대'라는 단어를 사용하지 않고 어떻게 설명할 수 있니?"

"음, 바닷가 근처에 있는 크고 하얀 타워이구요. 꼭대기에는 창문으로 가득 찬 방이 있고, 그 위에는 큰 불빛이 있어요. 또, 안에는 길게 꼬여서 올라가는 계단이 있어요."

"꽤 좋구나." 프레스넬이 말했다. "자 이제 각 부분을 바라보고, 과연 그것이 정말로 필요한지 생각해 보자. 만약 바닷가 근처에 크고, 타워 모양에, 꼭대기에는 창문으로 가득 찬 방이 있고, 그 위에 큰 불빛과, 안에는 계단이 있지만 분홍색이라고 생각해 보렴.

그래도 등대라고 볼 수 있겠니?"

"그런 것 같아요. 하지만 분홍색 등대는 본 적이 없어요." 그녀가 말했다.

"나도 없단다! 하지만 이미 있는 것들만 존재한다면 삶은 꽤 지겨울 거란다. 왜 네가 생각하는 등대는 높아야 하니?"

"그래야 배들이 볼 수 있으니까요." 로리가 말했다. "낮은 높이의 등대는 제 역할을 하지 못해요. 그리고 길게 꼬여 있는 계단은 꼭대기로 올라가기 위해 필요하구요."

"불빛은?"

"불빛이 있어야 밤에 배들이 볼 수 있으니까요."

"그리고 지킴이의 방은?"

"그래야 당신이 그 배의 사람들을 볼 수 있죠."

"오, 그래서," 프레스넬이 말했다. "내 풍선은 불빛이 매우 높이 있어서 다른 사람들이 볼 수 있단다. 나는 멀리까지 볼 수 있으니, 나도 그들을 볼 수 있지. 나는 꼭대기까지 엘리베이터로 올라온단다. 색깔은 중요한 문제가 아니야. 등대로써 갖추어야 할 모든 것은 갖고 있는 것 같구나. 여기가 등대가 맞다고 생각하니?"

"등대랑 비슷하긴 해요." 로리가 인정했다.

"너무 깐깐하구나! 그렇다면 '등대랑 비슷한 것'이라고 하자꾸나." 그가 말했다.

"그렇게 분해를 시키는 건가요?"

"그렇지. 더 분해해도 괜찮고, 적게 분해해도 괜찮단다. 큰 아이디어를 작게 쪼개어 각각의 부분에 '왜 필요한지'를 바라보면 된

17. 엘레강트를 찾아서 | 169

단다. 그러고 나면, 너는 똑같은 역할을 하는 더 작은 아이디어들을 발견할 수 있을 거란다. 예를 들자면 말이다, 아래에 있던 내 작은 종을 보고 무슨 생각이 들었니?"

"당신의 작은 종 말이죠! 그건 너무 무섭게…"

"그건 조정이 조금 필요한 것 같다는 점에서는 나도 동의한단다. 하지만 중요한 아이디어는 바로 '소리가 난다'는 것이지." 그가 말했다. "종의 가장 중요한 부분은 소리가 나느냐는 것이야. 왜냐하면 종이 저 아래의 땅에 있기 때문에, 큰 소리가 나야 내가 들을 수 있거든."

"그렇다면 왜 더 큰 종을 사용하진 않으시는 거죠?" 그녀가 물었다.

"종이 더 커지면, 난 아마 종을 걸 수 있는 판이 더 커야 할 거고, 초인종도 더 커야 할 거고, 안내판도 더 커야 하지. 불필요한 모든 것이 커져야 해." 프레스넬이 말했다. "작고 간단한 방법으로도 해결 가능한 것들을 항상 크고 복잡한 아이디어로 해결할 필요는 없단다."

"브루토 씨에게 방금 해주신 그 말씀을 전해 드리고 싶어요." 로리가 거대한 피라미드를 생각하며 말했다. "하지만 그는 이미 너무 멀리 가버렸어요."

❋ ❋ ❋

"윈썸 씨, 왜 제가 이렇게 많은 망원경들을 배달해야 하죠?" 로리가 물었다.

윈썸의 반응은 싸늘했다. "다른 사람의 배달 물품을 살펴봤다니, 참 잘한 일이구나."

"죄송해요. 소포가 너무 무거워서 대체 무엇이 그렇게 깨지기 쉽고 무겁고 중요한 건지 궁금했어요…."

윈썸은 아무 말도 하지 않았다. 그녀는 밧줄과 돛대를 정리하며 바빠 보이는 척을 했다.

로리는 다시 물어보았다. "왜 망원경이죠?"

"그래야 등대지기들이 더 멀리 바라볼 수 있잖니."

"왜 등대지기들이 더 멀리 바라봐야 하는데요?"

"다른 등대들이 너무 멀리 떨어져 있기 때문이야."

"말이 앞뒤가 잘 맞지 않는 걸요." 로리가 말했다. "왜 등대에 있는 사람들은 다른 등대를 보려고 하는 거죠?"

"왜냐하면, 그들은 서로 메시지를 주고받아야 하기 때문이지. 그게 바로 등대의 네트워크 망이란다."

"왜 등대지기들이 그런 방법으로 메시지를 주고받으려고 하나요?"

"지금부터는," 윈썸이 말했다. "앱스트랙트 섬에 있는 사람들이 데이터 섬에 있는 사람들과 소통을 하기 위해서 콜로넬에게 일정한 금액을 지불하고 네트워크를 도와줄 데몬을 이용해야 하기 때문이지."

"그게 그렇게 나쁜 건가요? 왜 또 다른 네트워크를 구축하려고 하는데요?"

"구축할 수 있을 때 해야지. 그리고 콜로넬은 내가 이런 짓을 하는 걸 원치 않거든."

"왜 그는 윈썸 씨가 직접 네트워크 망을 구축하는 것을 싫어하나요?" 로리가 물었다.

"꼬마야, 네가 지금 하고 있는 것이 '5가지 왜?'란다. 갈 준비는 다 되었니? 다음번 일은 쉬울 거야. 아마 핑을 좋아하게 될 거다. 그녀는 나무집에 살고 있거든!"

CHAPTER 18

등대 네트워크

   도플갱어가 다른 섬에 도착했을 때, 윈썸은 로리에게 즉시 다른 배달 일을 시켰다. 이 망원경이 마지막으로 배달되는 것이라 했지만, 로리는 아직도 윈썸의 계획에 의문을 품고 있었다.
   "가끔은 삶에 있어서 너 스스로만을 위해서 하는 일도 있는 법이란다!" 윈썸이 웃으며 말했다.
   로리는 윈썸의 목소리에서 느껴지는 흥분에 대꾸할 수 없었다. 그래서 그녀는 다시 정답으로 자신을 이끌어 줄, 이상한 방향으로 향하는 평상시의 일상을 믿기로 했다. 오래지 않아 로리와 엑소르는 아주 커다란 나무에 도착했다. 꾸불꾸불한 계단이 나무의 몸통을 감싸 잎사귀가 있는 곳까지 이어졌다. 젊은 여자 한 명이 계단의 윗부분에 서 있었다.
   "안녕, 로리! 잘 찾아왔구나. 내 이름은 핑 보도라고 한단다. 기다리고 있었어."

"안녕하세요. 잠시만요, 제 이름을 어떻게 아신 건가요?"

"오, 프레스넬이 너에 대해 이야기를 많이 해주었단다."

"프레스넬 씨가요? 말도 안 돼! 그는 저 멀리 엘레강트 섬에 살고 있는 걸요!"

"맞아. 신기하지 않니? 너와 윈썸 씨가 최근에 많은 배달을 해주었잖니. 지금은 너희들 둘 덕분에 네트워크 망이 꽤 커졌단다! 이 수다를 떨지 않고는 못 배기겠군."

"하지만 전…"

"너는 너 자신을 매우 자랑스러워해도 돼. 여기, 너가 도와줄 일이 있단다." 핑은 소포를 꺼내어 들고는 나무 몸통을 휘감은 계단을 돌고 돌아 나무 꼭대기로 뛰어 올라갔다. 로리는 할 수 있는 한 최대한 빨리 그녀를 따라가려 했다.

그들이 나무집의 꼭대기에 거의 도착했을 때, 로리는 놀라움에 입이 벌어졌다. 이곳은 나무 '등대'였다! 그뿐만이 아니라, 등대지기의 방은 온통 모든 방향을 가리키는 망원경으로 가득 차 있었다. 모든 망원경에는 깔끔한 이름표가 붙어 있었다.

"어때? 어떻게 생각하니?" 핑이 물었다.

"왜 이렇게 많은 망원경들이 필요한 거죠?" 로리가 물었다.

"네가 스스로 보지 않겠니? 네가 직접 보렴."

로리는 엘레강트라고 적혀 있는 망원경에 눈을 갖다 대고 보았다. 빨갛고 동그란 점 같은 것이 공중에 떠 있었다. 그리고 저건 밧줄인가?

"저기, 저건 프레스넬 씨의 풍선이에요! 그가 보여요! 그가 손을

흔들었어요!" 로리가 탄성을 질렀다.

로리는 다른 망원경을 보기 위해 움직였다. 각각의 망원경은 서로 다른 방향을 향하고 있었다. 앱스트랙트라고 적혀 있는 망원경으로는, 바닷가에 있는 높고 하얀 타워 모양의 등대에 살고 있는 말수가 적은 등대지기가 보였다. 그 등대지기도 그곳의 망원경을 통해 이쪽을 바라보았지만, 손을 흔들어주진 않았다. 비잔티움의 망원경은 반쯤 지어진 피라미드와 커다란 기계 같은 거북이들이 보였다. 브루토는 여전히 벽돌의 개수를 세느라 바빠 보였다.

핑은 로리가 배달한 무거운 소포를 내려놓고 자물쇠를 풀었다. 그 속에는 소형 망원경이 들어 있었다. "매우 좋아! 내가 이걸 얼마나 기다리고 있었다고."

"이걸 네트워크에 사용하시는 건가요? 어떻게 사용되는지 보여주시겠어요?" 로리가 물었다.

"물론이지." 핑이 말했다. "이걸 보렴." 그녀는 방의 한가운데로 걸어가 빨간 화살표가 정확히 엘레강트 섬을 가리킬 때까지 커다란 손잡이를 돌렸다. 그리고 나서 그녀는 레버를 위아래로 빠르게 당겼다.

플롭. 플롭. 플립. 플롭. 플립.
플롭. 플립. 플립. 플롭. 플롭.

"자, 이제 프레스넬 씨를 다시 보렴." 그녀가 말했다.

로리는 엘레강트 섬의 망원경에 눈을 갖다 대었다. 프레스넬 씨는 그의 불빛을 이쪽을 향해 돌려 깜빡이기 시작하며 메시지를 전달했다.

 플루쉬. 플루쉬. 플래시. 플루쉬. 플래시.
 플루쉬. 플래시. 플래시. 플루쉬. 플루쉬.

"그가 대답했어요! 뭐라고 말씀하신 건가요?" 로리가 물었다.
"오, 그는 방금 '안녕!'이라고 말한 거란다."
"저 불빛이 '안녕', 딱 두 글자를 나타낸 거라구요?"
"이게 바로 보도 코드란다." 핑이 말했다. "문장은 단어로 만들어졌고, 단어들은 문자(알파벳)들로 이루어졌지? 같은 방식대로, 우리는 플립과 플롭으로 문자를 만들어 냈단다. 이것처럼 말이야."

 01001 = ㄹ
 11000 = ㅗ
 01001 = ㄹ
 01010 = ㅔ
 01100 = ㄴ

"오 매우 간단하고 깔끔하네요! 하지만 전 아직도 '안녕', 딱 두 글자를 위해서 너무 많은 작업을 해야 하는 것 같아요." 로리가 말했다.

"아마 네 말이 맞을지도 모르겠구나." 핑이 웃으며 말했다. "하지만 지금은 이렇게 어려운 네트워크 망의 구축은 끝이 났단다. 우리는 정말 재미있게 네트워크를 할 수도 있어. 더 나은 방법으로 직접 네트워크를 만들어 이용하면 된단다."

"어떻게 만들어요?"

"음, 나는 이런 방법을 사용한단다. 2가지 색깔의 불빛을 이용하는 거지. 프레스넬은 더 간단하게 4가지의 플립과 플롭의 코드를 만들어서 이용하면 좋을 거라고 하지만, 난 그게 네트워크가 잘 이루어질지는 잘 모르겠구나. 우리는 오래된 보도 코드를 이용해 서로 이야기를 주고받으면서 새로운 코드에 대해 이야기를 하고, 의사소통을 시도해 보기도 한단다."

"그래서⋯ 핑 씨는 어떻게 네트워크를 이용할지에 대한 이야기를 나누면서 더 나은 의사소통을 할 수 있게 되었단 말인가요?"

"그리고 로리, 네가 방금 가능하도록 도와주었단다. 이 모든 망 원경을 배달해 주면서 말이야. 이제, 네트워크는 우리가 어떻게 사용하면 좋을지 배우면서 발전하게 될 거야. 우리는 벌써 몇 분 동안 저 반대쪽 끝까지 메시지를 전달했는걸! 도플갱어가 그 거리의 편지를 배달하기 위해서는 이틀이 꼬박 걸리는데 말이야. 우리가 시스템의 문제점인 버그를 다 해결하고 나면, 모든 사람이 이 방법을 사용하고 싶어할 거야."

"하지만⋯ 윈썸 씨는 어떡하고요? 그녀가 일을 잃게 되는 것 아닌가요?" 로리가 물었다.

"뭐라고? 아니야, 절대로! 이런 네트워크 방식은 윈썸 씨의 아이디어였는걸."

"이 방법이요?"

"물론이지! 우리 모두는 윈썸 씨를 위해 일을 하지. 그녀는 편지 배달 가방을 메고 온종일 돌아다니며 그녀의 시간을 헛되이 사용하는 걸 좋아하지 않는걸. 윈썸 씨가 말했는데," 핑이 종이 한 뭉치를 훑어보며 말을 이어갔다. "그녀가 널 위해 한 가지 일을 더 준비했다고 했던 것이 생각났어."

"오! 무슨 일이죠?" 로리가 물었다.

"네가 이 편지를 들고 가서 반대쪽에 있는 '포킹 패스의 정원'에 있는 사람에게 전달해 주었으면 하더라구."

편지봉투에는 아무런 이름도 적혀 있지 않았다. 하지만 도플갱어호에서 지내며 겪었던 시간들에 비하면 이 정도 일은 이상하지 않았다. 만약 그녀가 일을 빨리 끝낸다면, 그녀는 다시 이곳으로 돌아와 다시 네트워크를 하며 놀 수 있을 것이다. "제가 그 정원으로 어떻게 갈 수 있을까요?"

"서두르는구나. 기다려 줄래? 내가 가는 길을 알려주지."

CHAPTER 19

갈림길에서

정원은 최소 8미터는 되어 보이는 울타리로 둘러싸여 있었다. 입구는 덤불을 아치 모양으로 잘라낸 모양이었다. 나무로 된 팻말이 입구에 걸려 있었다.

   포킹 패스의 정원에 오신 것을 환영합니다.

"여기란다." 핑이 말했다.

로리는 갑자기 걱정이 되기 시작했다. "핑 씨, 이곳은 혹시 미… 미로… 정원으로 된 미로인가요?" 로리는 어린 소녀와 끝없는 미로 정원에 관한 이야기를 읽은 적이 있었다. 미로 정원은 수많은 괴물과 꾸불꾸불하고 작은 통로로 이루어진 무서운 이야기였다.

"이곳은 사실 미로 정원은 아니란다. 넌 항상 길을 잘 찾을 수 있잖니." 핑이 말했다. "네가 어디서 어떤 상황에 처하게 되는 것은 다른 문제란다."

"오, 좋아요. 이 편지를 배달하고 난 뒤에 제가 다시 나무 등대로 돌아가도 될까요? 아마도 네트워크를 이용해서 제가 어떻게 해밀턴에 돌아갈 수 있는지를 물어볼 수 있을지도 몰라요!"

"그건… 좋은 생각이구나. 그래. 네가 원한다면 할 일이 끝난 뒤 그것에 대해 다시 이야기해 보자꾸나."

"감사합니다! 곧 봬요!"

"잘 가렴, 로리. 몸 조심하고."

로리와 엑소르는 더 많은 수풀로 이루어진 복도 길 같은 입구를 지나 들어갔다. 조금 걷고 난 뒤 그들은 작은 분수대를 발견했다. 그 분수대의 위에는 이렇게 적혀 있었다.

동전을 던져 소원을 빌어보세요.

로리는 눈을 감고 소원을 빌며 그녀가 갖고 있던 마지막 페어 코인을 분수대 안으로 던졌다. 그녀는 혹시 소원이 이루어질지도 모른다는 생각에 던지고 난 뒤에도 잠시 동안 눈을 감고 있었다. 하지만 어떤 신기한 일도 일어나지 않았다.

그녀는 계속해서 녹색의 복도를 걸어갔다. 울타리와 더 많은 울타리들, 그리고 정원에 대한 팻말을 제외하고는 볼 것들이 전혀 없었다.

**알고 있었나요?
이 정원을 지나기 위해서는
16,777,216가지의 방법이 있답니다.**

"겨우 1,600만 가지 방법? 별것도 아니구만!" 로리가 말했다. "유저랜드에는 수백만의 백만의 백만의 백만 가지 방법이 있다구!"

방문자 한 명당 1가지 방법만을 통해 들어올 수 있습니다.

"그건 괜찮아. 난 여기를 빠르게 지나갈 수 있어."

방문자 한 명당 1가지 방법만을 통해 들어올 수 있습니다.

"이거 아까랑 똑같은 팻말 아니야?"

아닙니다.

"나는 어떤 길이 가장 짧은 길인지 알고 싶어." 로리가 말했다. 다음 팻말이 그녀의 말에 대한 대답을 나타내었다.

모든 방법들은 같은 길이를 갖고 있습니다.

"그렇다면 내가 어떤 길을 골라서 가야 하는지 어떻게 알지?"

로리가 물었다.

현명하게 선택하세요.

이 팻말은 그녀가 가장 첫 번째 갈림길에서 봤던 것이었다. 각각의 갈림길에는 팻말에 글이 적혀 있었다. 왼쪽 방향의 팻말에는 이렇게 적혀 있었다.

👈 **물건들**

오른쪽 방향의 팻말에는 이렇게 적혀 있었다.

아이디어들 👉

로리는 최근에 다양한 아이디어들을 많이 봤다. 간단한 것들이 좋은 결과를 만들 것이다. 그녀는 오른쪽을 가리키는 손의 방향대로 걸어갔다. 1분 후, 그녀는 다음번 갈림길에 놓여졌다. 그곳의 팻말에는 이렇게 적혀 있었다.

👈 **익숙한 것들 | 새로운 것들** 👉

"난 최근에 새로운 것들을 너무 많이 봤는걸." 그녀가 말했다. "나는 익숙한 쪽으로 갈 거야."

👉 — 어리다 | 나이 들었다 — 👉

"음… 나이 들었다!" 그들은 오른쪽으로 걸어 내려갔다.

👉 — 흥미로운 것들 | 지루한 것들 — 👉

"이번엔 쉬운 길이네." 엑소르가 말했다. "흥미로운 쪽으로 가자."

"넌 흥미롭다던 그 배달 일을 하면서 힘들다고 투덜댔잖아." 로리가 말했다.

"하지만 괜찮았어."

👉 — 길을 잃었다 | 길을 잃지 않았다 — 👉

"설마 길을 잃었다는 쪽으로 가려는 건 아니겠지? 길을 잃지 않은 쪽으로 가야 하지 않을까?" 엑소르가 물었다.

"아마도 우리가 그들을 찾기 전까지만 길을 잃은 것일 수도 있어." 로리가 다시 생각해 보며 말했다.

"말이 되는군." 엑소르가 대답했다. 그들은 왼쪽으로 걸어갔다.

👉 — 거의 잃었다 | 완전히 잃었다 — 👉

"완전히 잃… 아니야, 거의 잃은 거지." 로리가 결정했다. 다시 왼쪽으로.

"있잖아, 나는 수만 가지의 길이 보이지 않는걸." 엑소르가 말했다. "계속해서 두 개의 갈림길만 나오잖아."

☞— 작다 | 작지 않다 —☜

"작지 않아!" 그들은 동시에 외쳤다.

당신보다 큰가요?

☞— 아니요 | 네 —☜

"이 세상의 모든 것들은 나보다 큰 걸." 엑소르가 말했다. "우리 오른쪽으로 가자."

산보다 큰가요?

☞— 네 | 아니요 —☜

그렇게 크진 않아! 그들은 다시 오른쪽으로 걸었다.

등대보다 높은가요?

☞— 아니요 | 네 —☜

로리는 충분히 많은 등대들도 보았다. 그녀는 왼쪽으로 가려고 했지만, 초록색의 둥근 껍데기의 동물이 길을 막았다.

"입섬 아가씨, 우리 또 만났군." 동물이 말을 걸었다.

"거북 씨! 여기서 뭘 하고 계신 거에요?"

"난 특별한 간식을 좀 먹고 있었지." 거북 씨가 풀을 한입 물고 말했다. "나는 이 정원에 있는 만델브로콜리 수풀들을 깨끗하고 단정하게 만들고 있었지. 나한테 있어 이건 매우 맛있는 잡일이야. 입섬 아가씨는 여기서 무얼 하고 있는 건가?"

"전 이 편지를 배달하기 위해서 가장 가까운 출구를 찾아가는 중이에요."

거북 씨는 웃는 것 같았다. 물론, 그는 항상 웃는 모습이었다. "이 정원을 지나가는 방법은 수만 가지가 있다네. 모든 방법의 길은 모두 똑같은 길이야."

그녀는 많은 방법의 길들을 나란히 두고 상상을 하려고 노력했다. "이해가 가질 않아요. 그렇게 많은 방법이 있다면, 그 방법들은 대체 어디에 있나요?"

"방법들은 모두 네 주변에 있단다. 네가 가는 모든 길은 두 갈래의 길로 나누어져 있지." 거북 씨가 말했다. "한 가지의 길은 두 개가 되고, 두 개는 4개가 되지. 그러고 나면 8, 16, 그리고 계속해서 늘어날 거란다. 24개의 갈림길을 지나고 나면, 1,600만 개 이상의 서로 다른 길이 나온단다."

"오! 2의 거듭제곱이 여기에 또 있군요. 하지만 이번에는 점점 더 작아지는 것이 아니라 커지는 데요." 로리가 말했다.

"정확히 맞았어. 넌 지금 어떤 것을 찾아가고 있지. 그건 친숙하고, 나이가 들고, 흥미롭고, 거의 길을 잃고, 너보단 크지만 산보다는 작은 것이겠군." 거북 씨가 말했다. "내가 그것들 중 하나인 것 같구나."

"그렇다면 전 앞으로 갈림길에서 어떤 선택을 해서 가야 하나요?"

"지혜롭게 선택해야겠지. 좋은 하루 보내렴, 꼬마 아가씨." 거북 씨는 뒤로 돌아 천천히, 그리고 꾸준하게 왼쪽으로 걸어갔다.

"잠시만요! 저는 지금 거북 씨가 하신 말씀이 무엇을 의미하는지 모르겠어요!" 로리는 그를 따라 빠르게 달렸다. 거북 씨를 따라잡는 것은 매우 쉬운 일이어야 했다. 하지만 그에게 가까이 가면 갈수록 거북 씨는 점점 더 멀어졌다. 로리가 다음번의 갈림길에 도착하자 그는 더 이상 보이지 않았다.

친근하다 | 친근하지 않다

"넌 어떻게 생각해, 엑소르? 어느 방향으로 가야 하지?"

"넌 정말로 이 정원이 친근하지 않은 것들로만 가득 차 있는 모습을 보고 싶은 거야?"

"좋은 지적이야." 그녀는 왼쪽으로 갔다.

공중에 있다 | 땅에 있다

로리와 엑소르는 아무리 친근한 것이어도 그들보다 더 큰 데다가, 날기까지 하는 것은 보고 싶지 않았다. 어쨌든, 거북 씨는 땅에 있으니깐.

▶— 가볍다 | 무겁다 —◀

"확실히 거북 씨는 무거워 보이지!" 엑소르가 소리쳤다.

▶— 바깥에 산다 | 안쪽에 산다 —◀

"거북이들은 바깥에서 살잖아, 그렇지?" 이제 그녀는 생각을 해 보려고 했지만 완전히 확신할 수는 없었다. 하지만 바깥에서 산다는 것이 좋은 추리 같아 보였다!

▶— 절대 잠을 자지 않는다 | 가끔 잠을 잔다 —◀

"그리고 거북 씨들은 분명히 잠을 자지." 엑소르가 말했다. 그들은 오른쪽으로 갔다.

▶— 밤에 잔다 | 낮 시간에 잔다 —◀

"밤에 잔다!" 로리가 소리쳤다. "아마 점점 더 가까워지는 것 같아!"

▶— 많은 색깔 | 한 가지 색깔 —◀

로렌은 생각할 겨를도 없이 왼쪽으로 달려갔다. 하지만 거북 씨는 한 가지 색깔이잖아? 하지만 돌아가기엔 이미 늦어 버렸다.

👉 조용하다 | 시끄럽다 👉

"난 시끄러운 것들을 싫어하는데," 그녀가 말했다. "거북 씨는 꽤 조용한 편이니깐."

👉 복수 | 단수 👉

"저게 무슨 뜻이지?"
"복수는 1개보다 많다는 뜻이야. 단수는 1가지만 있다는 거고." 엑소르가 말했다. 그들은 오른쪽으로 갔다.

👉 토박이 | 외국인 👉

"이건 전혀 모르겠어." 로리가 말했다. "토박이는 이곳에서 산다는 뜻이고, 외국은 다른 곳에서 왔다는 뜻이지. 토박이로 가보자!"

👉 기대된다 | 기대되지 않는다 👉

"우리가 언제 끝나는지 알고 싶어." 그녀가 오른쪽으로 돌아 걸어가며 말했다. "대체 익숙하고, 나이가 들고, 흥미롭고, 거의 길을 잃고, 나보다 크지만 산보단 작고, 등대보다도 작고, 친근하고,

땅에 있고, 무겁고, 바깥에 살고 있고, 밤에 자고…" 그녀는 잠깐 말을 멈추어 숨을 쉬었다. "…많은 색깔을 갖고 있고, 조용하고, 단수이고 토박이에다가, 기대되지 않는 것이 뭐지?"

👉— **너의 소망 | 타인의 소망** —👉

"내 소망!" 엑소르와 로리가 동시에 외쳤다. 그들은 낄낄 웃고 왼쪽으로 걸어갔다. 다음번에 나타난 팻말은 그들이 잠시 생각에 잠기게 했다. 그 팻말에는,

확실한가요?

👉— **네 | 아니요** —👉

"확실해, 난 확실하다구!" 로리가 말했다. "내가 왜 다른 사람의 소망을 원하겠어?" 그녀는 왼쪽 길로 걸어갔다. "내 생각에, 우리는 정원을 거의 다 걸어온 것 같아, 엑소르!"

그녀는 녹색의 정원 복도를 점점 더 빨리 걷다가, 속도가 빨라져 뛰기 시작했다. 엑소르도 마찬가지로 점점 흥분되어 점박이의 모양으로 변하기 시작했다. 로리는 이미 프레스넬과 팅커에게 어떤 메시지를 보내고 싶은지 생각을 했다. 그리고,

"오, 안 돼!"

로리는 빠르게 멈춰 섰다. 그들의 앞에는 다른 갈림길이 있었다. 마지막 갈림길이었다.

왼쪽 팻말은 이렇게 적혀 있었다.

👉 해밀턴 (로리의 소망)

그리고 오른쪽 팻말에는 이렇게 적혀 있었다.

바나 이모네(엑소르의 소망) 👉

"이 정원은 내 소원이 무엇이었는지 알아챘나 봐!" 로리가 말했다.

"내 소원도 알아챈 것 같아." 엑소르가 말했다.

로리는 왼쪽으로 걸어가다 잠시 멈췄다. 그리고 그녀는 오른쪽으로 걸어가려다가 다시 생각에 잠겼다. 그들은 조용히 아주 오랜 시간 동안 멈춰 서 있었다.

"우리는 딱 한 가지의 길만 선택할 수 있어." 작은 소녀가 말했다.

"그렇지." 도마뱀이 말했다.

"그리고 다시 돌아올 수 없겠지."

"그게 이곳의 규칙이니깐."

"넌 네 이모를 정말로 만나 보고 싶어 했잖아." 로리가 말했다.

"그리고 넌 정말로 집에 돌아가고 싶어 했잖아." 엑소르가 한숨을 내쉬었다.

"그렇다면 우리는 이제 선택해야 하는구나." 로리가 말했다.

"하지만 어떻게?" 그녀는 집에 가고 싶었지만, 엑소르가 그의 이모 바나를 찾는 것 또한 원하고 있었다. 그녀는 엑소르와 바나를 모두 데리고 집에 돌아간다면 얼마나 좋을까를 생각하고 있었다.

"안 돼, 로리." 엑소르가 슬프게 말했다. "우리는 이제 여기서 갈라서야 할 것 같아."

"하지만…"

"방문자 한 명당 한 가지의 길만 가능해. 그것이 바로 규칙이야." 그는 로리의 주머니에서 뛰어나와 오른쪽 방향의 땅에 착지했다. "내 생각에는… 이렇게 네가 날 찾아낸 거로구나." 그의 피부는 주황색과 보라색으로 변했다.

"우리는 다시 만날 수 있어." 로리가 단호하게 말했다. "네가 바나 이모를 찾고 나면, 이모를 모시고 나무 등대로 찾아가. 나는 다시 이곳으로 올 수 있는 방법을 찾아보도록 할게. 아니면, 내가 망원경과 큰 불빛을 이용해서…"

"우리는 또다시 만날 수 있을 거야." 엑소르가 말했다.

"알겠어." 로리가 말했다. "약속해!"

"약속해."

"내가 크게 휘파람을 불게, 알겠지?"

"응."

"그래야 네가 내 휘파람 소리를 들을 수 있지."

"맞아." 엑소르가 말했다.

"괜찮을 거야."

"당연하지." 엑소르가 동의했다.

"난 이제 갈게."

"나도."

로리는 휘파람을 불려고 했지만, 울면서 휘파람을 동시에 불 수는 없었다. 휘파람을 불기 위해 노력만 했을 뿐이다.

CHAPTER 20

집으로

만델브로콜리 수풀이 점점 더 짧아지고 넓어지며 숲과 연결되었다. 로리는 자신이 어디에 있는지 혹은 어디로 가고 있는지 전혀 알지 못했다. 적어도, 그녀는 스스로 해냈다고 믿고 있었다. 시간은 벌써 늦은 오후가 되었고 그림자는 점점 더 길어졌다.

숲 속에는 솔방울이나 가문비나무가 잔뜩 있었고 커다란 참나무와 단풍나무들도 있었다. 그곳에는 수많은 묘목과 다양한 종류의 수풀들이 있었다. 나뭇잎들 때문에 멀리까지 보이지는 않았지만, 가문비나무와 딸기나무의 가장자리를 밟으면 걷기는 쉬웠다.

"찍찍!"

로리는 심장이 빨리 뛰기 시작했다. 설마 또 자르곤인가? 얼마나 많은 거지? 어디 있는 거야?

"찍찍!"

이번에는 뛰지 않았다. 그녀는 할 수 있는 한 조용히 소리를 따라 걸어갔다. 큰 나무 뒤에 숨어 있는 것 같았다. 아니, 이건 자르곤이 아니야. 이건… 다람쥐였다. 정말 평범한 다람쥐였다. 다람쥐는 마치 무서운 것을 본 것처럼 소리를 지르고 큰 나무 위로 안전하게 도망쳤다. 그리고 저 나무! 그녀는 알아챌 수 있었다. 그녀의 집 바로 뒤에 있는 큰 나무였다. 숲의 가장 가장자리에 있는 큰 나무….

로리는 결국 집에 도착했다.

* * *

따뜻한 욕조에서 목욕을 한 뒤 침대에 눕자, 로리는 피곤하긴 했지만 매우 행복했다. 그녀의 엄마가 알고 있는 대로라면, 로리는 숲 속에 단지 한두 시간 정도만 가 있었다고 한다. 하지만 로리에게는 숲 속에서 길을 잃은 것이 마치 최소 일주일 이상의 긴 여행 같이 느껴졌다. 게다가 더 이상 그 모험을 생각하기엔 너무나도 피곤했다. 로리는 엑소르가 그의 소원을 이루고, 그의 이모에게 바깥 세상의 색깔과 뒤섞이는 방법을 배웠기를 기도했다. 더 이상 새로운 친구들을 볼 수 없게 된 것이 매우 슬퍼졌다. 로리는 돌아가기로 약속을 했었다. …배달하고… 저 편지를 배달하고…

2초 후, 로리는 침대에서 벌떡 일어나 하얀색의 평범한 봉투를 찢어 열어 보았다.

> 안녕, 꼬마야.
> 네가 만약 이 편지를 읽고 있다면, 넌 이 편지가 누구에게 온 건지 알아챘을 거야. 그 정원이 정말 도움이 되었는지는 잘 모르겠구나. 그리고 난 작별인사하는 것을 좋아하지 않거든.
> 넌 우리가 네트워크 망을 구축하는 것을 도와줬어. 네가 없이는 아마도 이뤄내지 못했을 거야. 프레스넬 씨가 그러는데, 몇 가지만 더 배우고 불필요한 것들을 제거하면, 넌 좋은 작곡가가 될 거라고 하시네.
> 다음에 또 보자.
>
> 캡틴. 윈썸 "로즈섬" 트랩.

로리는 윈썸의 성이 트랩이었다는 것을 알아채기 전까지 편지를 두 번이나 읽었다. 시큰둥하긴 했지만, 윈썸은 콜로넬 트랩에 대해 말하곤 했었다. 그들은 많이 닮았었다. 이상한 메시지의 편지를 보내고, 우두머리가 되는 것을 좋아했다. 로리만이 부모님과 사소한 다툼을 하고 있는 것은 아닌 것 같았다. 그녀도 아버지와 서로 다른 아이디어로 마찰이 있었지만 더 멋진 아이디어를 행동으로 옮기는 도전을 감행하였던 것이다.

로리는 다시 침대에 누워 내일에 대해 생각을 했다. 내일은 여름 보충 학교 수업의 첫 날이다. 여름 보충수업이 예전처럼 무섭게만 느껴지지는 않았다. 만약 그녀가 비잔틴 프로세스에서 이뤄냈던 것처럼, 포넨스와 톨렌스를 이기고, 무한대로 긴 끈을 만들고, 거북이들에게 타워를 만들도록 가르친다면 학교의 교실에 앉아 있는 것은 전혀 어려운 일이 아니었다.

그녀는 긴 여행 동안 흥미로운 많은 것들을 배웠으리라.

끝.

CHAPTER 21

한 가지만 더

로리가 해밀턴 집으로 들어온 지 여러 달이 지난 뒤, 어둡고 안개 낀 날 밤이었다. 등대가 반짝였다. 반짝. 반짝. 반짝.

그날 밤 등대의 불빛은 어떤 메시지도 전달하지 않았다. 안개가 너무 짙어 신호를 보낼 수 없어 네트워크가 다운되었던 것이다. 원래 목적대로라면 등대의 강한 불빛은 배들에게 위험한 바위들에서 떨어지라고 경고하기 위함이었다.

등대의 불빛이 보이지 않자, 단지 하나의 배만이 주위를 돌고 있었다. 다행히 그 배는 원래 있어야 할 위치에 있어서 경고가 필요하지 않았다.

케빈 켈빈은 자르고노라는 배의 선장이었다. 배는 매우 크고, 납작하며 평범하게 생겼다. 배의 앞부분에는 켈빈이 묵고 있는 선실이 있었다. 나머지 갑판에는 도르래와 와이어 로프를 안과 밖으로 감을 수 있는 기계인 윈치가 있었다. 커다란 낚싯대처럼 생긴 와

이어는 도르래에서 감겨 나와 물 속에 잠겨 있었다. 갑판 아래에는 거의 수 톤에 달하는 와이어가 있었다.

자르고노는 정확히 말하자면, 윈치가 붙어 있는 매우 거대한 배라고 할 수 있었다. 윈치 덕분에 배를 보면 드는 인상이 달라질 수 있었다. 사실 매우 거대한 윈치를 달고 있는 평범한 배라고 부르는 것이 더 나을 수 있다. 이 배의 목적은 바깥으로 나가 매우 무거운 와이어를 위로 감아올리는 것이었다.

선실 안에서, 케빈 켈빈은 손을 문지르며 따뜻하게 만들었다. 문 가까이에 있는 못에는 온도계가 걸려 있었다. 온도계는 매우 춥게도 273을 나타내고 있었다. 부르르!

273도는 우리가 듣기엔 매우 뜨거운 온도일 수 있지만, 이 온도계는 섭씨나 화씨를 이용하지 않고 있었다. 배의 선장들이 만들어 내는 여러 발명들처럼, 이 온도계도 켈빈의 단위대로 나타내고 있

었다. 켈빈의 단위는 정확히 0에서부터 시작한다. 물론 0은 그 어떤 무엇도 더 차가워질 수 없을 때의 숫자였다. 그리고 273 켈빈은 더 나은 숫자는 아니었다. 얼음 한 조각의 온도가 이 정도일 것이다. 부르르!

온도계는 케빈 켈빈이 어떠한 사람인지에 대해 더 잘 알려주고 있었다. 그는 위험할 정도로 똑똑한 작곡자였다. 그는 그의 이름을 붙이기 전까지는, 절대로 그의 아이디어들을 가만히 내버려두지 않았다.

사람들이 그에게 무엇을 하고 있느냐고 물을 때면, 그는 아마 낚시를 하고 있다고 말할 것이다. 그는 한 번도 이런 야심한 밤에 배에 달려 있는 거대한 윈치로 무엇을 낚고 있는지를 말한 적이 없었다. 사람들이 바다 괴물을 잡으려 하고 있느냐고 장난스럽게 물을 때면, 켈빈은 단지 조용히 웃기만 했다. 어떤 누구도 그가 알고 있는 것을 알지 못했다. 어떻게 이런 일이 있을 수가 있는가?

케빈 켈빈은 자신의 와이어로 아주 작은 전류를 흘려보내고 있었다. 그 와이어는 수 마일 떨어진 해안가에 있는 작은 빌딩들을 모두 지나서, 등대와는 많이 멀지 않은 바다 아래로 이어져 있었다. 그는 다이얼을 조금씩 돌리며 조심스럽게 와이어와 연결된 스피커에서 나오는 소리를 듣고 정보를 노트에 작성했다. 만약 그의 아이디어가 맞다면, 지금 당장 그는 저 반대편 끝에 있는 그의 조수가 보내는 신호를 들을 수 있어야 했다. 그 소리는 마치…

빕.

그는 흥분에 차올라 안절부절못했지만 감히 입 밖으로 소리를 낼 수 없었다.

블룹. 빕.

켈빈은 빠르게 몇 개의 전선을 해체시키고 다른 전선들을 연결하였다. 그는 스위치를 껐다 켰다.

플립. 플롭. 플립.

그 전선에서 답신이 왔다.

블룹.

전선이 작동했다! 켈빈이 생각했던 것처럼 물 아래에서도 전기를 사용해서 메시지를 보낼 수 있었다. 자르고노가 두 섬 사이에 와이어를 연결한다면, 이것을 이용하여 켈빈만의 첫 번째 네트워크 망을 구축할 수 있을 것이다. 네트워크를 이용하면 이렇게 어두운 밤중에도 항상 메시지를 주고받을 수 있을 것이다. 언젠가는 이런 네트워크는 두 섬뿐만이 아니라 전 세계의 이곳저곳으로 동시에 여러 선을 연결할 수 있을 것이다.

저 멀리 작은 불빛이 반짝거리는 아이보리색 타워에 있는 구세대들은 아마 켈빈이 그들보다 새로운 네트워크로 진보시켰다는 것을 절대 모를 것이다!

유저랜드의 현장 가이드

lauren ipsum

유저랜드의 현장 가이드

여러분은 이야기의 일부분이 사실인지 아닌지 많이 궁금해 할 것으로 생각됩니다. 여러분은 완벽하게 공평한 동전인 페어 코인을 실제로 만들 수 있다고 생각하세요? 여러분은 개미들이 실제로 짧은 경로를 찾아서 이용할 수 있다고 생각하나요? 맞아요, 여러분은 두 가지 다 해볼 수 있답니다. 이 가이드에서 여러분은 로리가 유저랜드에서 맞닥뜨린 것들과 사람들, 장소가 어떤 것인지에 대해 우리의 실제 세계와 연결해서 쉽게 이해하게 될 거예요.

0장. 숲에서 길을 잃다

자르곤Jargon : 실제 현실 세계에서 자르곤은 쥐처럼 생긴 개나, 개처럼 생긴 쥐 같은 동물이 아닙니다. 단지 평범한 단어일 뿐이죠! 컴퓨터 과학자들은 스마트폰 같은 전자 기계를 만들거나 프로그래밍을 할 때 새로운 단어를 만들어 내는 것을 좋아해요. 우리는 이런 특별한 단어들을 자르곤Jargon이나 아르곳Argot이라고 부르죠. 'Jargon'은 긴 단어나 문장을 설명하는 시간을 단축시켜 준다는 점에서 매우 좋을 수 있어요. 하지만 컴퓨터의 비전문가들이 자르곤과 같이 단축된 단어를 사용해서 말을 하면 이해하기가 어렵기 때문에 단점이 될 수도 있지요.

프로그래밍을 배우기 시작할 때도 자르곤이나 아르곳 같은 단축된 단어를 사용하면 배우는데 어려움이 많지요. 하지만 자르곤 같이 이해하기 어려운 단어 때문에 배움을 멈추어선 안 돼요. 자르곤과 같은 말은 여러분이 어떻게 만들고 사용하느냐에 따라 재미있게도, 편리하게도, 기억하기 좋게도 할 수 있어요. 그리고 너무 어려운 단어를 만들어 내면 다른 사람들이 혼란스러워할 수 있으니 적절하게 만들어서 사용하길 권장해요!

떠돌이 상인 Wandering Salesman : 떠돌이 상인 문제The Traveling Salesman problem는 전문 용어로 '순회 세일즈맨 문제'라고도 하는데 컴퓨터 과학에서 많이 다루는 대표적인 문제입니다. 여러 도시들을 모두 방문해야 하는 상황에 처했을 때, 여러분은 가장 짧고 적게 걷는 길을 선택해야 해요. 이것을 해밀턴으로 가는 길Hamiltonian path 문제라고도 해요. 이 문제에서 여러분은 여러 도시들 중 각각의 도시를 딱 한 번씩만 방문할 수 있지요. 만약 방문해야 하는

도시들이 너무 많아 짧은 길을 찾아야 한다면 사람의 머리로 풀기 어려우며, 컴퓨터를 사용하더라도 가장 짧은 길을 찾는 데 걸리는 시간은 매우 오래 걸린답니다. 그래서 이야기에 나오는 떠돌이 상인은 아마 모든 도시를 가장 짧은 길로 돌기 위해 무척 오랫동안 여행을 해야 할 거예요.

이런 문제를 해결하기 위해 사람들이나 컴퓨터는 한꺼번에 짧은 길을 찾아 정확한 정답을 계산하지 않아요. 대신에, 떠돌이 상인은 자기가 방문한 도시를 중심으로 주변에 연결된 도시 중에 가장 짧은 길로 연결된 도시를 방문하지요. 떠돌이 상인 문제에 있어서 가장 재미있는 부분은 사람들은 작은 도시를 방문하는 문제 정도는 손과 암기로 간단하게 잘 풀어낸다는 점이에요. 사람들이 이렇게 문제를 풀 때 어떤 알고리즘을 이용하는지에 대해서 자세히 살펴보면 컴퓨터를 이용해서 해결하는 방법을 찾을 수 있지요.

8장의 휴 러스틱의 내용을 참고하세요.

1장. 안 보이는 친구

엑소르Xor : "A 또는OR B"라고 말할 때, 아마 여러분은 그 둘 중 어느 것이든 하나를 뜻하는 것이거나 혹은 그 둘 다를 말한다는 것을 알고 있을 거예요. "A 그리고xor B"는 두 개 모두를 선택해야 한다는 것도 알고 있죠. 만약 누군가 "A or B"라고 말한다면, 이것은 둘 중 오직 하나만을 선택해야 한답니다. 그래서 도마뱀 엑소르Xor가 계속해서 표지판의 색을 선택하지 못하고 그에 반대되는 몸의 색으로 변하며 세상의 색과 다르게 변하는 것이지요. 엑소르와 표지판의 배경색이 동시에 같아서는 안 돼요. 만약 그가 파란색 팻말에 앉아 있다면, 그는 파란색이 아닌 색으로 반드시 변해야만 하죠! 몸을 안 보이게 해서 적으로 보호해야 하는 도마뱀이라고 한다면 그다지 훌륭한 동물은 아닌 것 같죠?

스테가노사우루스Steganosaurus : 스테가노그래피Steganography는 중요한 정보를 사람의 눈에 띄지 않게 다른 그림이나 글자, 소리, 영상 안에 보이지 않게 숨겨 놓는 암호 기술이에요. 이 암호 기술은 디지털 세계나 실제 물건에 모두 사용할 수 있지요. 예를 들어 중요한 정보를 연예 편지 속의 글씨에 안 보이는 잉크를 이용해서 비밀 메시지도 적어 숨길 수 있을 거예요. 컴퓨터 프로그램을 이용하면 음악소리나 그림 속에도 단어를 안 보이게 숨길 수 있어요. 그래서 도마뱀의 이모인 스테가노사우루스는 어느 곳에나 숨을 수 있는 공룡인 거죠. 진짜 있는지는 모르지만요.

2장. 감성과 이성

작곡Composing : 에포니머스 바흐Eponymous Bach는 작곡가예요. 하지만 그녀는 음악을 작곡하는 것이 아니라, 아이디어를 작곡하는 작곡가지요. 여기서 작곡은 문제를 차례대로 해결하기 위해 작은 아이디어들을 큰 아이디어로 합치는 일이에요. 대부분의 모든 아이디어들은 작은 아이디어들을 모은 것이에요. 컴퓨터과학에서는 코딩 또는 프로그래밍이라고도 해요. 예를 들어 두 개의 정수를 곱하는 일은 그다지 특별한 일이 아니지요. 여러분은 아마 똑같은 숫자를 곱한 수만큼 계속해서 더하는 방법의 작곡을 할 수 있어요. 아래에 예를 들어 볼까요.

2×3 = 6
2 + 2 + 2 = 6 (2를 더하라, 그리고 3번 반복하라.)

또 다른 방법에는 분해하기Decomposing와 관련짓기Relating도 있어요. 이처럼 작곡Composing, 분해Decomposing, 관계Relating는 모든 수학과 논리 그리고 컴퓨터 과학에서 주로 사용하는 문제 풀이 방식이에요.

에포니미의 첫 번째 바흐 법칙 Bach's First Law of Eponymy : 어떤 아이디어도 이름을 붙이기 전까지는 절대로 사라지지 못하도록 하세요. 이름은 마치 어떤 도구를 더 쉽게 사용할 수 있는 손잡이와 같아요. 아이디어가 떠오르면 반드시 이름을 쓰고 기록하는 습관을 가지세요.

에포니미의 두 번째 바흐 법칙 Bach's Second Law of Eponymy : 어떤 사물에 이름을 붙이는 것보다는 아이디어에 이름을 붙이는 것이 훨씬 값질 거예요. 왜냐하면, 아이디어는 오랫동안 지속되기 때문이죠. 어떤 것을 창의적으로 만들기 위해서는 창의적인 사고를 가져야겠죠.

에포니미의 세 번째 바흐 법칙 Bach's Third Law of Eponymy

아이디어가 점점 더 유용해지고 유명해질수록 그 아이디어에 붙은 이름은 더 짧아지고 단순해져요. 이 법칙은 에포니머스의 친구인 앤디 암페어 Andy Ampere와 그의 전기에 관한 발명 때문에 탄생하게 되었어요. 그래서 수학이나 과학에서 사용되는 용어는 길이$_m$, 중력$_g$, 볼트$_v$처럼 짧게 쓰죠.

암페어Ampere : 앙드레-마리 암페어 Andre-Marie Ampere는 평행한 전선 사이로 전기가 흐를 때 전선이 서로 같은 방향으로 구부러지거나 서로 다른 방향으로 구부러진다는 것을 발견했어요. 전선이 어느 정도 구부러지는지를 확인하면 얼마나 많은 전류가 흐르고 있는지를 알 수 있어요. 암페어는 이러한 아이디어로, 우리가 지금 사용하고 있는 전류에 관한 대부분의 이론과 지식을 정립했어요. 우리는 그의 이름을 따서 전류의 단위를 암페어 혹은 amps로 사용하고 있어요. 여기서 에포니미의 세 번째 바흐 법칙을 통해 우리는 왜 전류의 단위를 Ampere이 아닌 amps로 적는지 알 수 있을 거에요.

감성 대 이성 Sense vs Sensibleness : 프로그래머들과 수학자들은 때때로 문제의 답을 찾는 방법을 설명하기 위해 여러 가지 아이디어를 이용하는데, 우리는 그것을 해결 공간 solution space 또는 문제 공간 problem space 라고 불러요.

만약 여러분이 아주 무거운 상자의 뚜껑을 열기 위해 상자를 옮기려 한다고 생각해 보세요. 상자를 옮기는 것과 관련된 모든 행동들은 당신의 문제 공간에 있어요. 이 상자를 옮기기 위해 할 수 있는 모든 방법들을 상상해 보도록 하세요. 아마 당신은 앞으로 걸어가거나 뒤로 걸어가고, 말을 꺼내고, 노래를 부르고, 공식을 적고, 지레를 이용하거나, 다른 이에게 도움을 요청하거나, 지게차를 찾아보거나, 상상할 수 있는 모든 것을 할 수 있어요. 할 수 있는 모든 방법을 한 장의 종이에 최대한 많이 적어 보도록 해요.

이제 그 수많은 해결 방법 중에 상자를 옮길 수 있는 좋은 방법들만을 생각해 보세요. 빨간색 펜으로 그 방법들에만 동그라미 치세요. 동그라미 쳐진 방법들은 해결 공간 안에 있어요. 그 방법들은 당신이 해결하고자 하는 목표에 적합하기 때문에 이용 가능하다고 할 수 있어요. 하지만 동그라미가 안 쳐진 방법들은 이용 불가능하다고 하지요. 자, 이제 동그라미 쳐진 모든 방법을 다시 살펴보고 어떤 방법이 가장 적합한지 가장 빠르고, 저렴하고, 쉽고, 믿을 만한지 기타 등등 찾아보세요. 그 방법에 초록색으로 밑줄을 그어 보세요. 그 방법이 이용 가능한 방법들 중에서 가장 합리적인sensible 방법이라고 할 수 있어요.

이런 방법을 이용할 때 가장 중요하게 봐야 하는 점은 매우 인간적이어서 치명적인 실수를 피해야 한다는 점이에요. 우리는 한 가지 방법을 생각하고 나면 다른 가능한 방법들을 생각조차 하지 않고 무작정 실행하려는 경향이 있어요. 그래서 에포니머스가 로리에게 떠돌이 상인이 말해준 집으로 돌아가는 방법은 합리적이지 않다고 말을 한 것이지요.

8장의 휴 러스틱과 14장의 5가지 왜를 참고하세요.

3장. 저글링 실수

라운드 로빈 Round Robin **알고리즘 :** 로빈Robins이라는 새들은 아주 나쁜 악당은 아니에요. 단지 배고플 뿐이죠. 그들은 같이 차례를 돌려가며 그들 사이에서 균형을 이룰 수 있도록 모든 일에서 협동을 해요. 협동하는 작업은 일을 더 빨리 끝낼 수 있는 좋은 방법이고 컴퓨터도 일을 나누어 협동해서 진행하기도 해요!

여러분들의 눈을 크게 뜨면 주변에서 라운드 로빈을 쉽게 발견할 수 있어요. 한 노선을 도는 데 60분이 걸리는 버스를 상상해 보세요. 만약 당신이 버스 두 대를 같은 경로에 둔다면 버스는 아마 30분에 한 번씩 도착할 거에요. 버스가 세 대라면 아마 매 20분마다 볼 수 있고, 네 대라면 매 15분마다 도착할 거예요. 버스 5대로는 아마 각 버스를 매 12분마다 볼 수 있어요. 60분을 버스 대 수로 나누면 버스가 얼마나 자주 도착하는지 찾아낼 수 있어요.

하지만 당신은 버스들이 똑같은 시차로 도착할 수 있도록 고민해야 해요. 5대의 버스가 동시에 같은 정류장에 도착한다면, 당연히 균형이 맞지 않을 거에요. 또한, 만약 한 버스가 고장이 나서 연착이 되는 상황이 발생하면 모든 버스가 제시간을 맞추기 위해 멈추어 서 있거나 후진을 해야 할 수도 있어요.

4장. 거북 씨와의 논쟁

리커전Recursion : 리커전은 찾고자 하는 정답을 찾을 때까지 같은 과정을 계속해서 반복하는 방법이에요. 리커전을 이용할 때 당신은 그 과정을 실행해 보고 원하는 정답을 찾게 되면 그때 멈추는 방법이에요. 찾지 못할 경우에는 다시 같은 과정을 반복하는 거죠.

유저랜드에서 길을 잃은 로리가 리커전을 사용하는 상황을 예시로 들어서 한번 볼까요? 10장에서 제인 헤카테Jane Hecate가 갖고 있는 매우 두꺼운 한 권의 이름이 적힌 책을 보세요. 로렌Lauren이라는 이름은 L로 시작해요. 그래서 제인은 그녀가 가진 책의 L구간에서 로렌의 이름을 찾아야 해요. 하지만 엄청난 두께의 책 때문에 시간이 오래 걸려요. 만약 제인이 더 빠르게 로렌Lauren을 찾고자 한다면, 그녀는 책을 정확히 반으로 나눠서 앞부분과 뒷부분에서 각각 L을 찾을 수 있어요.

책의 앞부분(1/2) : {A, B, C, D, E, F, G, H, I, J, K, L, M}
책의 뒷부분(1/2) : {N, O, P, Q, R, S, T, U, V, W, X, Y, Z}

L이 책의 앞부분에 있다는 것을 발견하고 나면 책의 앞부분을 또 반으로 나누어 1/4권의 책에서 이름을 찾을 수 있어요.

책의 앞부분의 앞부분(1/4) : {A, B, C, D, E, F, G}
책의 앞부분의 뒷부분(1/4) : {H, I, J, K, L, M}

로렌(Lauren)은 책의 앞부분을 반으로 나눈 것에서 뒷부분(1/4)에 있어야 해요. 제인은 또다시 책을 반으로 나눠서 알파벳을 찾을 수 있어요.

책의 앞부분의 뒷부분의 앞부분(1/8) : {H, I, J}
책의 앞부분의 뒷부분의 뒷부분(1/8) : {K, L, M}

제인은 계속해서 L만이 남는 구간을 찾기 위해 반을 나누며 찾을 수 있어요. (L만이 남는 구간을 찾기 위해서는 제인이 얼마나 많은 페이지를 나누어야 할까요?) 어떠한 정보의 특정한 부분을 반씩 나누어 찾아내는 방법을 우리는 이진 탐색

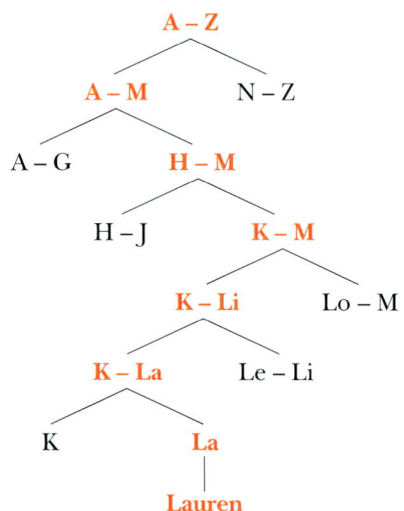

214

binary search이라고 불러요.

19장의 포킹 경로의 정원과 꼬리잡기를 참고하세요.

꼬리잡기Chasing Your Tail : 꼬리잡기Chasing your own tail는 강아지가 자기의 꼬리를 잡기 위해 빙빙 도는 것과 같은 시간을 허비하는 방법이 아니에요! 컴퓨터 과학에서는 원을 도는 것 같이 보이는 특별한 리커전재귀, recursion의 한 방법이 있어요. 그리고 그 방법은 어떤 문제를 해결하는데 꽤 유용하지요. 꼬리재귀Tail recursion에서는 만약 여러분이 정답을 찾아야 하는데 같은 과정을 반복해야 한다고 할 때 당신은 이 방법을 가장 마지막 과정으로 둘 거에요. 그래서 제인 헤카테가 L을 찾기 위한 이진 탐색 방법은 아마 이렇게 보일 거예요.

- 지금 우리가 갖고 있는 책의 구간을 확인하라.
- 우리가 L구간만을 갖고 있는가?
- 그렇다면 우리는 발견해냈다!
- 그렇지 않다면, 다시 책을 반으로 나눈다.
- L구간을 갖고 있는 책의 반쪽을 보고, <u>반복한다.</u>

위의 리커전 설명을 참고하세요.

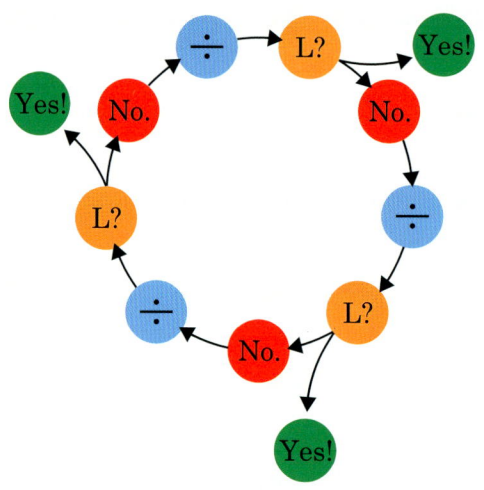

무한대Infinity : 사람들이 어떤 것이 무한대로 있다고 할 때, 그것이 얼마나 존재하는지 제한이 없다는 뜻이에요. 거북 씨가 설명한 것처럼 무한대로 존재하는 끈이 2미터보다 작을 수 있는지를 보면 예로 그가 작은 조각의 끈을 무한대로 연결할 수 있다 것을 예로 보여주고 있어요. 무한대는 아마 당신이 생각하는 것보다 훨씬 더 크거나 작아요. 하지만 몇 마디만으로도 무한대를 단순하게 정의할 수 있지요. 이 세상에는 무한대의 홀수가 있어요. 1, 3, 5, 7, 그리고 끊임없이 계속해서 이어져 나가요. 또한, 무한대의 짝수도 있어요. 0, 2, 4, 6, 8, 짝수도 계속해서 이어져 나가요. 아주 열심히 찾아보려고 해도 짝수의 나열 속에서는 절대로 홀수를 찾을 수 없고 홀수의 나열 속에서도 절대 짝수를 찾아볼 수 없어요. 그 뜻은 이 세상에는 두 가지 종류로 무한대를 나눌 수 있다는 거예요. 바로 짝수와 홀수지요.

또한, 무한대 내의 무한 종류infinite kinds of infinity가 있어요. 3으로 나눌 수 있는 모든 숫자와 절대로 나누어질 수 없는 모든 숫자를 생각해 보세요. (혹은 4 또는 5로 나눌 수 있는 숫자를 생각해 보세요) 자, 이제 어떤 누구도 예전에 생각해 보지 못했던 모든 숫자들을 생각해봐요. 이것도 다른 종류의 무한대랍니다!

무한 후퇴 Infinite Regress : 만약 당신이 어떻게 생각하고 있는지를 생각한다면, 아마 당신은 어떻게 생각하는지를 어떻게 생각하는지에 대해 생각하기 시작할 거에요. 그리고 어떻게 생각하는지를 어떻게 생각하는지에 대해 또, 어떻게 생각하는지 생각할 거예요. 이러한 방법을 무한 후퇴infinite regress라고 불러요. 그리고 이런 생각은 끝이 없지요. 이러한 마음속의 덫에 처음 빠지게 되면 아마 매우 혼란스럽거나 무서워질 수도 있어요. 빠져나오는 방법은 이러한 생각을 너무 심각하게 받아들이지 않으면 된다는 것이에요.

이러한 것을 리커전으로 생각했다면 맞았어요! 여러분은 리커전을 제대로 이해한 것입니다. 하지만 영원히 리커전 과정에 빠져 갇힌다면 꽤 문제가 될 수도 있어요. 실제 컴퓨터 속에서는, 무한 리커전무한 반복, infinite recursion은 실제로 절대 일어나지 않아요. 어떤 컴퓨터도 정보의 양을 무한대로 갖고 있지 않기 때문이죠. 컴퓨터가 리커전에 빠져서 용량이 남지 않는 상태에 도달한다면, 아마 어떤 일이 발생할지는 아무도 모릅니다. 로리와 엑소르는 리커전 교차로에서 이러한 경험을 했어요.

위의 꼬리잡기를 다시 한 번 참고하세요.

5장. 심볼 도시로

의미 회전문 Semantic Turnstile : ⊢ 는 사실을 가리키는 논리적인 기호예요. 이 기호는 숫자가 아닌 아이디어 사이에서의 등호(=)와 같아요. 만약 의미 회전의 왼쪽에 있는 모든 아이디어들이 사실이라면 오른쪽에 있는 아이디어들도 또한 사실이라는 뜻이에요.

만약 두 가지의 아이디어가 있다고 해요 : (A) "너는 암호를 갖고 있다." 그리고 (B) "너는 들어갈 수 있다." 여러분은 이 두 아이디어를 합쳐서 새로운 규칙을 만들 수 있어요.

(A → B) "만약 네가 암호를 갖고 있다, 그러면 너는 들어갈 수 있다."

이것은 포넨스가 심볼 도시의 문 앞에서 로리에게 설명해준 규칙이에요. [화살표(→) 양 옆에 있는 이 규칙들을 살짝 바꿔 보면, "만약 A가 사실이다, 그러면 B도 사실이다."가 되지요.]

하지만 그 규칙이 사실인지 어떻게 알 수 있을까요? 아마도 그건 심볼 도시로 들어갈 수 있는 방법은 아닐 거예요. 여러분은 규칙

(A → B)와 아이디어 A 둘 다가 사실인 것을 보여줘야 해요. 이 상황에서 우리는 규칙 ("만약 네가 암호를 갖고 있다면, 너는 들어갈 수 있다.")와 아이디어 A ("너는 암호를 갖고 있다.")가 사실인 것을 확인하기 전까지는 어떤 누구도 문 안으로 들여보내서는 안 돼요. 보안에 위험이 발생하니까요.

그래서 의미 회전문이 존재하는 거예요. 우리는 규칙과 첫 번째 아이디어를 회전 기호의 왼쪽에 두고, 두 번째 아이디어 B("너는 들어갈 수 있다.")를 오른쪽에 둬요. 기호로 표시하면

$$(A → B), (A) \vdash (B)$$

"만약 우리의 규칙이 사실이고, 만약 네가 정말로 암호를 갖고 있다, 그러면 너는 들어갈 수 있다."

여기에 이상한 부분이 있어요. 의미 연결 문장(turnstile)에는 '만약… 그러면'으로 생긴 문장이 새롭게 추가된 것을 발견할 수 있어요. 만약 왼쪽에 있는 모든 것이 사실이다, 그러면 오른쪽에 있는 모든 것은 사실이에요. 그렇다면 이 규칙이 사실인 것을 어떻게 알 수 있을까요?

$$(A → B), (A) \vdash (B) \vdash (C)$$

…그리고 또 다른 의미 연결 turnstile이 있고 또 다른 의미 연결 turnstile이 있다면?

$(A \rightarrow B), (A) \vdash (B) \vdash (C) \vdash (D) \vdash (E) \vdash (F) \vdash (G) \cdots$

이론적으로 여러분은 어떤 것도 사실인지 알기 전까지는 무한대로 의미 연결문을 통과해서 끝까지 가봐야 해요! 그렇다면 어떻게 그 모든 것이 사실인지 알 수 있는 걸까요? 어떻게 내일 아침 식사에서 우유가 우유 상자에 담겨 있는 것을 알 수 있을까요? 혹은 학교에 갔을 때 여러분의 교실이 지붕 위에 있지 않을 것을 알 수 있을까요?

실제로 우리가 예전에 경험해 왔던 것들, 즉 단순하게 우리가 살아가며 만나는 규칙들은 사실이라고 믿고 있어요. 로리가 말한 것처럼 규칙을 바꾸어 콕 찔러 바꾸어 보면 재미있고 유용할 수 있어요. 혹시라도 바꿔 버린 규칙이 타당하더라도, 여러분은 그 규칙이 어떻게 작용하는지에 대해 많이 배울 수 있어요. 규칙을 바꾸어 콕 찔러 보는 것이 바로 과학이 적용되는 매우 중요한 부분이에요!

4장의 무한 후퇴를 참고하세요.

포넨스Ponens, 앞의 조건 긍정, 전건 긍정 : 포넨스의 정확한 이름은 전반부 조건 긍정식Modus Podendo Ponens이에요. 이것은 논리적인 논쟁의 한 종류입니다. 이러한 종류의 논쟁은 논리적인 결론에 도달할 수 있어요. 하지만 그 결론은 항상 옳지만은 않아요. 예를 들어, 여기 포넨스가 어떻게 심볼 도시의 문이 안전한지를 결정하는 방법이 있어요.

- 만약 암호를 갖고 있는 사람들만 입장할 수 있다, 그러면 문은 안전하다.
- 아직까지 암호를 갖고 있는 사람들만 입장했다.
- 그렇다면 문은 안전하다.

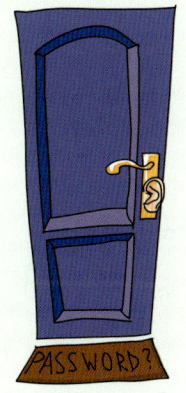

이러한 결론은 매우 논리적으로 보이지만, 이건 반드시 사실은 아니에요. 논리는 이것을 기초로 하고 있는 가정들만큼만 타당해요. 로리 같은 사람은 실제로 그녀가 에포니머스 바흐가 아니더라도 자신이 에포니머스 바흐라고 말할 수 있어요. 그리고 그녀가 바흐의 암호를 알고 있다면 그녀는 심볼 도시로 입장할 수 있어요. 이러한 상황에서, 이 세상에 있는 모든 논리는 심볼 도시의 보안을 안전하게 유지시키지 못할 거에요.

톨렌스Tollens와 의미 회전문Semantic Turnstile을 다시 보세요.

톨렌스Tollens, 뒤의 조건 부정, 후건 부정 : 톨렌스의 정확한 이름은 후반 조건 부정식(Modus Tollendo Tollens)에요. 그리고 포넨스와 같이 이것은 논리적인 논쟁의 한 종류를 잘 보여주고 있어요. 사실, 톨렌스는 포넨스와 같은 논리적 방식으로 일을 처리해요. 하지만 반대 방향으로 말이죠. 예를 들어, 여기 톨렌스가 어떻게 심볼 도시의 문이 안전한지를 결정하는 방법이 있어요.

- 만약 문이 안전하지 못하다,
  그러면 암호를 갖고 있지 않은 사람들도 입장할 수 있다.
- 암호를 갖고 있지 않은 사람들은 입장한 적이 없다.
- 그렇다면 문은 안전하다.

그리고 또 하나 톨렌스가 왜 스테가노사우루스가 존재하지 않는지를 설명하고 있어요.

- 만약 스테가노사우루스가 존재한다,
  그러면 당신은 그것들을 봤을 것이다.
- 당신은 스테가노사우루스를 본 적이 전혀 없다.
- 그렇다면 스테가노사우루스는 존재하지 않는다.

포넨스처럼 톨렌스의 방법은 완벽하게 타당하지만, 딱 그것이 가정한 만큼만 타당해요. 그 이유는 단지 당신이 어떤 것이 사실인지 증명할 수 없을 때, 그것이 자동으로 거짓이 되지는 않기 때문이죠. 그리고 단지 당신이 스테가노사우루스를 보지 못했다고 해서 그것들이 정말로 존재하지 않는다고 말할 수도 없어요. 아마도 그들은 당신이 가보지 못했던 섬에만 살고 있거나 아무도 볼 수 없도록 잘 숨어서 살고 있을지도 몰라요.

6장. 팅커의 제안

알고리즘 : 알고리즘은 문제를 풀기 위해 순서대로 나열된 절차의 한 세트를 뜻해요. 예를 들어 피자를 만들기 위한 레시피는 하

나의 알고리즘이죠.

1. 팬 위에 피자도우를 올린다.
2. 피자 소스를 도우 위에 덮는다.
3. 소스 위에 치즈를 뿌린다.
4. 화씨 350의 온도에서 20분간 피자를 굽는다.
5. 피자를 오븐에서 꺼내어 식힌다.
6. 먹는다!

이 레시피처럼 로리가 거북이에게 그림을 그리게 한 것도 알고리즘이에요. 거북이들은 원을 그리는 과정을 작은 단계로 쪼개서 그 단계를 따라가며 어떤 크기로든 원을 그릴 수 있어요. 만약 여러분이 정말 원한다면 알고리즘을 찾기 위한 알고리즘도 세울 수 있어요. 다시 말하자면 어떤 것을 하기 위한 방법을 어떻게 생각할지를 어떻게 생각할지 찾아내는 거죠.

4장의 무한 후퇴를 참고하세요.

여러분이라면 팅커 씨의 거북이에게 모든 모서리의 각도가 같은 특정한 크기의 정삼각형을 만들기 위한 명령을 어떻게 내릴 건가요? (힌트 : 세 각도의 합은 180도예요.)

해밀턴 사이클 Hamiltonian Cycle : '해밀턴 사이클'은 해밀턴 경로Hamiltonian path라고 해도 무방할 거에요. 이러한 종류의 방법은 수학자 윌리엄 해밀턴William Hamilton의 이름에서 따와 지어졌어요. 그리고 떠돌이 상인이 지도에 있는 모든 도시는 단 한 번씩만 방문하는 경로이기도 해요. 이 책에서는 우리가 경로path라는 단어를 사용했지만, 사실 해밀턴 경로와 해밀턴 사이클은 조금 달라요. 해밀턴 경로는 모든 도시를 단 한 번씩 방문하고 끝나지만 해밀턴 사이클은 처음 시작했던 곳으로 다시 돌아가는 방법이에요.

N개의 도시가 있는 지도에서는 (N-1)! ÷ 2만큼의 사이클이 있어요. 팅커 씨가 말한 것처럼, N!은 (N×N-1×……2×1)을 짧게 줄여 적은 거에요. 지도에 6개의 도시가 있다면, 당신은 이 만큼의 방법이 있어요:

$$(6-1)! \div 2 = 5! \div 2 = (5 \times 4 \times 3 \times 2 \times 1) \div 2 = 60 \text{ 사이클}$$

모든 길을 방문한는 방법은 아주 많기 때문에 단순히 사이클 하나만을 찾는 방법은 매우 쉬워요. 하지만 가장 짧은 경로를 찾는 것은 매우 어렵죠!

처음 소개한 떠돌이 상인Wandering Salesman을 보세요.

페어 코인 Fair Coin, 균형 코인 : 균형 코인Fair coin 은 던져서 바닥에 떨어졌을 때, 앞면이나 뒷면 쪽으로 떨어지는 확률이 똑같은 동전이에요. 하지만 로리가 갖고 있는 1센트 코인은 항상 앞뒷면의 무게가 완벽하게 똑같지는 않아요. 우리의 실제 세계에서의 동전도 그렇지요. 하지만 대부분의 동전들은 거의

50대50의 확률과 가깝게 양면으로 떨어지기 때문에, 두 가지 선택지에서 고르는 것을 해도 문제가 되지는 않아요.

그렇다 하더라도 누가 차의 앞좌석에 앉을지를 결정하는 것처럼, 실제적으로 중요한 상황에서는 두 번을 던져서 확실히 공평했는지를 확인해야 해요.

11장의 트렌트 에스크로를 보세요.

원Circle : 로리가 거북이를 이용해 원을 만들 때, 그녀는 1센티미터 대신에 (크기?)라는 단어(변수)를 넣어 더 큰 원을 만드는 방법을 알아냈어요. 원-나방에 어떤 숫자를 넣어야 지름이 2센티미터보다 더 큰 원을 만들 수 있을까요?

원-나방 (크기?)
앞으로(크기?) 센티미터,
점을 찍고,
오른쪽으로 1도 돌고,
360번 반복하라
원-나방 만들기 (크기?)

7장. 나를 읽어봐

암호학Cryptography : 엑소르가 콜로넬 트랩Colonel Trapp의 비밀 메시지를 읽을 수 있도록 도와줘서 쉽게 해독했어요. 아주 오래전부터 사람들은 다른 정보 속에 암호 기법을 이용하여 원래의 정보를 암호문으로 바꾸곤 했어요. 오늘날 이러한 방법을 암호학Cryptography이라고 불러요. 컴퓨터는 비밀 코드를 만들어 내거나 해독하는 것을 매우 잘해요. 하지만 여러분도 스스로 해결할 수 있어요!

메시지를 암호화하는 빠른 방법 중 하나는 대체 암호substitution cipher를 이용하는 거예요. 당신이 전하고자 하는 메시지에 사용되는 글자를 다른 부호로 뒤바꾸는 거지요. 예를 들어 당신은 각각의 단어를 아래의 숫자로 바꿀 수 있어요.

A	B	C	D	E	F	G	H	I	J	K	L	M	N	O	P	Q	R	S	T	U	V	W	X	Y	Z
0	1	2	3	4	5	6	7	8	9	10	11	12	13	14	15	16	17	18	19	20	21	22	23	24	25

이런 방법을 이용해 보면, "안녕! Hello!"은 "7 4 11 11 14!"로 바꿀 수 있어요. 여러분이 새로운 규칙을 만든다면 이런 단어들을 숫자 대신 원하는 어떤 부호로 바꿀 수 있어요. 다른 숫자나 다른 단어, 혹은 직접 만들어 낸 기호로도 가능하지요. 직접 비밀 메시지를 만들어 친구들이 맞출 수 있는지 시험해 보세요!

8장. 보다 나은 방법

경험적 방법휴리스틱 알고리즘 : 만약 어려운 문제를 풀어낼 수 있는 수백만 가지의 가능한 방법들이 있다면, 가장 최고의 정답완벽한 답을 찾아내는 것은 아주 잠깐만 생각해도 쉽지 않다는 것을 알 수 있을 거예요. 이러한 상황이 발생하면, 컴퓨터 과학자들은 사람들이 경험한 것을 이용해서, 휴 러스틱 씨가 말한 것처럼 "충분히 괜찮은 또는 적절한" 방법을 찾아낼 거예요.

휴리스틱Heuristic 경험적 알고리즘은 우리가 알기에 충분히 가능할 만한 경험적 방법에 의존하고 있어요. 하지만 그 경험들은 가장 최고의 해결책이라고 보장할 수는 없어요. 예를 들어 휴 러스틱 씨네 집의 개미들은 시행착오를 겪으며 지도 위에서 해밀턴으로 가는 효과적인 방법을 찾아냈어요. 개미들이 무엇을 했는지 로리가 본 것은 그녀는 개미들이 지나간 경로가 가장 짧은 길은 아닐지라도 충분히 짧은 길이라는 것을 알 수 있었어요. 그래서 그녀는 경험적 방법을 이용하여 집으로 가는 길을 조금 더 빠르게 찾아낼 수 있지요.

여러분도 지도를 보면서 고민해 보세요. 과연 휴 러스틱 씨네 개미들이 만들어낸 지도가 가장 짧은 길일까요? 아니면 단지 충분히 짧은 길일까요? 더 짧은 길이 있다면 여러분이 찾아볼래요?

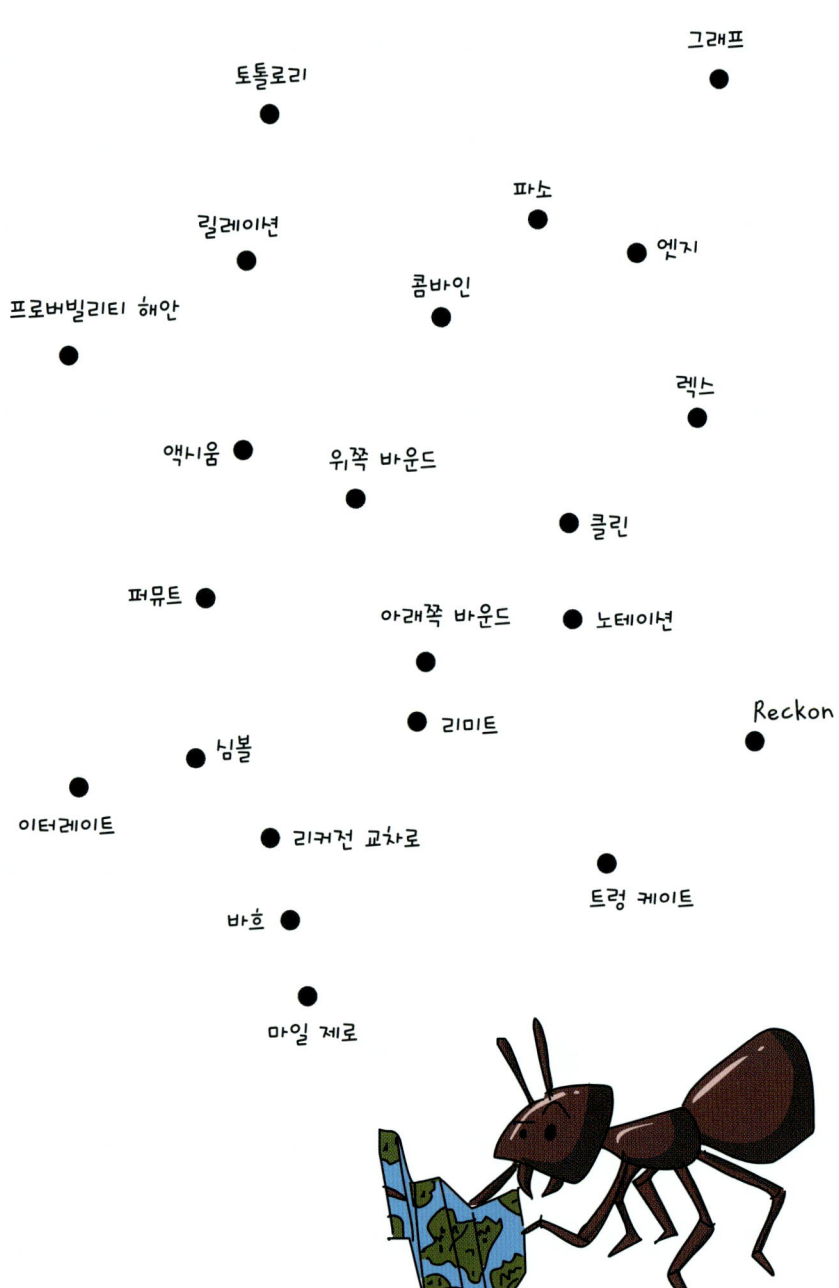

9장. 함부로 말하지 마

공리Axiom : 엑소르가 말했던 것처럼, 공리는 증명할 수 없는 규칙이나 원리를 뜻해요. 하지만 모든 사람은 단순히 그것이 말이 된다고 생각하면 사실이라고 받아들이지요. 수학자들, 과학자들, 그리고 모든 것을 증명하고 싶어하는 사람들은 공리를 이용해서 논쟁을 시작하지요.

예를 들어 어떤 것의 일부분을 차지하는 아이디어는 항상 그 전체의 것보다 작다는 것이 바로 공리예요. 만약 당신이 파이 한 조각을 잘라낸다면 그 파이 조각은 전체 파이 크기보다 클 수 없어요. 숫자에서도 같은 규칙이 적용되지요. 5에서 2를 빼내면, 당신은 아마 2와 3을 갖게 될 거예요. 두 숫자는 모두 5보다 크지 않아요.

10장. 논리적인 해결

제인 헤카테 Jane Hecate : 제인은 로리가 추측했던 암호의 모든 단어들을 하나씩 확인했어요. 올바른 암호가 될 때까지 말이에요. 로리가 한 단어씩 맞출 때마다 제인은 틀렸는지의 여부를 찾기 위한 시간이 점점 더 길어졌어요. 바로 로리가 얼마나 정답에 가까운 추정을 했는지를 나타내는 거지요.

컴퓨터 과학자들은 이것을 타이밍 공격Timing attack이라고 불러요. 추측하는 사람들이 각각의 틀린 점을 체크하는 데까지 걸리는 시간을 확인한 뒤, 그 시간의 길이를 이용해서 새로운 추정을 하기 때문이에요. 이러한 점을 더 잘 알고 있는 사람들은 제인의 실수를 발견하고, 제인이 알고 있는 비밀에 대해 정보를 캐내고 있어요. 해커처럼 말이죠.

11장. 공정한 교환

공정한 뒤집기A Fair Flip : 트렌트 에스크로Trent Escrow가 로리에게 설명했던 것처럼, 여러분은 아마 양면의 무게가 같지 않은 동전을 이용해서도 앞면과 뒷면이 50대50의 확률로 나온다는 것을 보장할 수 있어요. 단지, 동전을 두 번 던질 수 있다면 말이죠. 만약 여러분이 던진 동전에서 앞면과 뒷면이 각각 나온다면, 앞면이 여러분이 갖게 될 답이에요. 만약 동전에서 뒷면과 앞면이 각각 나온다면, 뒷면이 여러분이 갖게 될 답이겠죠. 적어도 절반의 확률로, 여러분은 아마 앞면과 앞면이 각각 나오거나 뒷면과 뒷면이 각각 나올 수도 있어요. 이런 상황에서는, 처음부터 다시 두 번을 던지면 된답니다. 평균적으로 여러분이 공정한 뒤집기를 하기 위해서는 적어도 세 번 동전을 던져야 할 거예요. 한번 시도해 보세요!

트렌트는 로리의 동전 2개와 확인된 페어 코인 1개를 교환하기로 결정했을 때 이 알고리즘을 이용했어요. 결국, 로리의 동전을 두 번 던지는 것은 페어 코인을 단 한 번 던지는 것과 같게 되었지요!

6장의 페어 코인을 보세요.

12장. 곤경에 빠지다

도플갱어The Doppelganger : 도플갱어 이야기는 철학에서의 일반적인 의문에서 나왔어요. 만약 배의 모든 부분을 다른 부품으로 교체한다면 당신은 여전히 같은 배를 갖고 있는 걸까요? 윈썸은 그렇게 생각하지 않았어요. 윈썸은 그녀가 한 조각씩 도플갱어를 훔쳤고, 그에게 복제품을 남겨주고 왔다고 주장했어요! 하지만 어떻게 생각하나요? 만약 당신이 낡은 부분으로 다시 조립한다면, 어떤 배가 원래의 배일까요? 만약 부품의 절반만을 교체한다면요?

13장. 라이프 게임

글라이더스Gliders : 콘웨이의 라이프 게임Conway's Game of Life은 시간이 지날수록 생명체의 수가 어떻게 변화하는지를 잘 보여주는 컴퓨터 모의실험이에요. 컴퓨터 과학자들과 수많은 과학자는 이 라이프 게임을 이용해 간단한 규칙을 바탕으로 여러 가지 패턴들을 공부했어요. 당신도 연필과 종이를 이용해 직접 시도할 수 있어요! 우선, 모눈종이 한 장을 준비하거나 아래와 같은 그림을 직접 그려보세요.

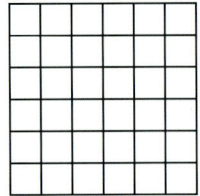

이제, 몇 개의 네모 칸을 색칠해보세요. 여기 예시가 있어요.

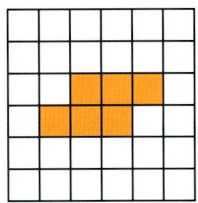

몇 개의 네모 칸을 칠한 뒤에, 당신은 몇 개의 간단한 규칙을 따라 게임을 진행하며 직접 패턴을 바꿔야 해요.

1. 만약, 색칠된 칸의 주변에(네모 칸을 둘러싸고 있는 8개의 칸을 뜻함.) 색칠된 네모가 3개 이상 있다면, 네모 칸은 죽어요. 빈칸으로 바꾸세요.
2. 만약, 색칠된 칸의 주변에 색칠된 네모가 1개나 0개가 있다면, 네모 칸은 죽어요. 빈칸으로 바꾸세요.
3. 만약, 색칠된 칸의 주변에 색칠된 네모가 2개나 3개가 있다면, 네모 칸은 살아요! 색칠된 채로 놔두세요.
4. 만약, 빈칸의 주변에 색칠된 네모가 3개 있다면, 그 빈칸은 살아났어요! 색칠해 주세요.

이 규칙을 따라 새로운 모눈종이에 색칠을 해보세요. 우리의 샘

폴은 이 규칙을 따르고 나면 이렇게 변할 거예요.

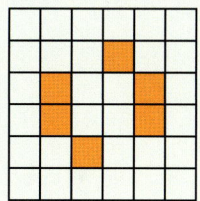

우리는 이런 패턴을 글라이더라고 불러요. 그리고 그것들은 꽤 이쁘지요! 이 특정한 모눈종이 패턴은 계속해서 반복돼요.

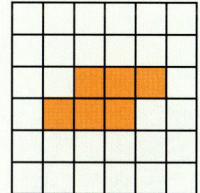 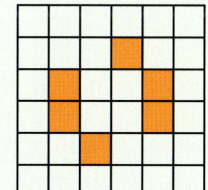 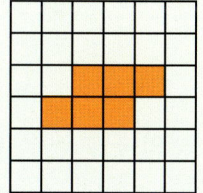

14장. 앱스트랙트 섬에서

철학자의 식당 Philosopher's Diner : 철학자의 식사 문제The dining philosopher's problem는 컴퓨터 과학에서 세일즈맨 순회 문제와는 다르지만 많이 사용되는 전형적인 문제예요. 다섯 명의 철학자들이 식당에 있는 하나의 테이블에 앉아 끊임없이 스파게티를 먹고 있다고 상상해 보세요. 각각의 철학자들은 스파게티를 먹기 위해 두 개의 포크가 필요해요. 그리고 각각의 철학자들 사이에는 포크가 한 개 놓여 있어요. 물론 만약 한 명의 철학자가 두 개의 포크를 집어 든다면 그 철학자의 양옆에 앉은 철학자 두 명은 스파게티를 먹을 수 없을 거예요!

 하지만 철학자들은 그들의 맛있는 음식에 대해 생각하는 것 또한 좋아할 거예요. 그들이 먹는 것을 멈추었을 때(음식을 먹는 것을 멈춰야 철학적인 생각을 할 수 있지요.) 그들은 다른 철학자들이 음식을 먹을 수 있도록 포크를 내려둘 거예요. 수년간 컴퓨터 과학자들은 철학자들이 조금씩 먹을 수 있도록 그리고 중간에 생각을 할 시간을 갖도록, 또다시 먹을 수 있도록 그래서 그 누구도 배고프지 않도록 알고리즘을 만들어 왔어요. 당신이라면 어떻게 하시겠어요?

5개 왜 Five Whys : 과학자들이 혼란스러운 문제의 근본적인 원인을 찾고 싶을 땐, 그들은 '왜?'라는 질문을 통해 정확히 어디에서부터 문제가 발생했는지를 찾아낼 거예요. 하지만 과학자들뿐만 아니라 당신도 이러한 방법을 사용할 수 있어요.

 스스로 문제의 해결책을 찾기 위해서 다음번에는 직접 '5개 왜' 게임을 해보세요. 실수를 통해 배우거나 어려운 고민을 도와줄 수 있는 심리 게임이 매우 많답니다. 다른 좋은 게임으로는 "결코 혼자가 아니야"가 있어요. 혼란스러울 때는 친구의 손을 잡아 봐요. 당신이 친구와 함께 해결하려 한다면, 어떤 문제든 풀어낼 수 있어요!

15장. 영리한 해결

비잔틴 프로세스 Following the Byzantine Process : 비잔틴Byzantine은 매우 길고 복잡한 과정을 설명할 수 있는 단어예요. 로리는 세 명의 장군을 도우면서 필요했던 서명들을 모두 얻어낼 수 있었어요. 그리고 그녀는 실제로 어려운 문제를 비슷한 방법으로 풀어냈어요.

늑대와 염소와 만델브로콜리를 옮기는 로리의 알고리즘은 조합적 증명Counting argument이라는 방법을 이용했어요. 조합적 증명에 숨겨진 아이디어는 바로 당신이 물건들 사이에 있는 중요하지 않은 차이점들을 무시하며 문제를 풀어낼 수 있었다는 거에요. 그리고 단지 얼마나 많은 것들이 있느냐를 세었던 거지요. 예를 들어 볼게요.

- 모든 사람은 에우리피데스 장군의 책을 모두 동시에 보고 싶어한다. 하지만 독자나 작가는 오직 한 사람만이 책을 같은 시간에 볼 수 있다.
- 다리우스 장군은 만델브로콜리와 늑대와 염소를 강 건너로 보내는 방법을 알아내기 위해 심각한 고민에 빠졌다. 하지만 다른 방법으로 생각해 보지는 못했다. 염소를 여러 번 옮겨도 가능한 것이었다. 하지만 염소를 만델브로콜리나 늑대와 단둘이 남겨 두지만 않는다면, 바로 해결 가능한 방법이었다.
- 케이스 장군은 100피트의 울타리 문제에 직면했을 때, 말뚝의 개수를 세는 것을 멈추었다. 그는 울타리의 끝자락에 필요한 말뚝에 대해서는 생각하지 않았던 것이다! 말뚝 사이의 공간을 세어 보면 10

이라는 숫자가 나온다. 하지만 말뚝의 개수를 세어 보면 110이 나온다.

팅커가 로리에게 거울에 빈추어진 서로 다른 길을 하나로서 세었을 때BCD나 DCB처럼, 그는 조합적 증명을 이용했어요. 이러한 규칙은 유저랜드를 지나는 방법의 수를 절반으로 줄여주었죠. 하지만 방법의 수를 반으로 나눴더라도, 떠돌이 상인 문제를 해결하는 데는 큰 도움이 되지 못했어요. 아주 큰 숫자를 작은 숫자로 나누어도 여전히 매우 큰 숫자이기 때문이죠!

만델브로콜리Mandelbroccoli : 실제 세상에서는 만델브로콜리가 존재하지 않아요. 제가 알기로는 가장 이상하게 생긴 채소일 거예요. 시장에서 이것은 로마네스코Romanesco라고 불리고 이것은 프랙탈fractal처럼 생겼어요. 프랙탈은 하나의 모양으로 시작해서 한 가지의 규칙을 따라 무한대로 점점 작은 모양으로 반복되는 패턴을 말해요.

예를 들어 하나의 등변삼각형모든 변의 길이가 같은 삼각형 속에 등변삼각형을 작게 그려 보세요. 두 번째로 그리는 삼각형의 모서리가 첫 번째 삼각형의 한 변의 정확히 가운데에 닿도록 그리는 것을 명심하구요! 아마, 네 개의 더 작지만 똑같이 생긴 삼각형이 원래의 삼각형 속에 그려질 거예요.

이제, 네 개의 삼각형 속에 또 다시 등변삼각형을 그려보세요. 더 이상 어떠한 삼각형도 그릴 수 없을 때까지 이 규칙을 반복해

보세요. 아마 당신은 아래의 그림과 같은 프랙탈 패턴의 무언가를 만들어 낼 거예요.

4장의 무한대를 참고하세요.

16장. 계획 변경

브루토 푸에르자 Bruto Fuerza : 이 등대지기는 모든 문제를 해결하기 위해서는 더 많은 힘과 밀어붙이기 식의 방법을 이용해야 정답을 찾을 수 있다고 생각해요. 등대 쌓기를 한 번 실수했던 것보다 두 배나 더 높고, 넓고, 두껍게 짓더라도 새로운 등대는 결국 무너지고 말 거예요. 그가 실패하기 쉬운 똑같은 계획만을 계속 따라가고 있기 때문이죠.

브루토의 방식 중에 타워 모양이 아닌 피라미드로 건물을 짓기로 결정한 것은 옳았어요. 피라미드는 더욱 견고하기 때문이죠. 만약 당신이 충분히 벽돌을 쌓아 올린다면 당신은 마침내 등대만큼 높은 피라미드를 만들어 낼 수 있을 거예요. 하지만 브루토의 계획은 너무 많은 비용이 들어요. 그는 더 많은 양의 벽돌이 필요하고 등대를 세우기 위한 더 넓은 땅이 필요하고 끝까지 짓기 위한 더 많은 시간이 필요하기 때문이죠.

미숙한 프로그래머들은 문제에 직면했을 때, 이러한 방법을 사용하기도 해요. 하지만 모든 자원을 억지 기법으로 사용하는 것은 항상 합리적인 것은 아니지요. 여러분의 알고리즘이 무너졌을 때 더 많은 벽돌을 쌓아 올리려고만 하지 말아요! 관점을 다르게 두세요. 로리가 비잔티움 섬에서 장군들에게 조언을 해주었던 것처럼 말이죠. 그러면 당신은 더 효과적인 해결책을 찾아낼 거예요.

14장의 5개 왜Five Whys를 자세히 참고하세요.

17장. 엘레강트를 찾아서

프레스넬Fresnel : 로리가 엘레강트 섬에서 만난 페레넬은 실제 과학자 어거스틴 진 프레스넬Augustin-Jean Fresnel에서 따온 이름이에요. 프레스넬은 작은 유리조각만으로 커다란 등대의 빛을 만드는 방법을 발명했던 사람이에요. 그는 밝은 불빛을 만들어 내기 위해서 렌즈가 꼭 크거나 두꺼울 필요는 없다는 것을 알았어요. 그래서 한 개의 거대한 유리 대신에 프레스넬 렌즈라고 불리는 서로 다른 각도로 놓여진 작은 유리조각들의 규칙적인 배열을 이용했어요. 오늘날의 등대도 여전히 이러한 종류의 렌즈를 사용한답니다.

분해Decomposing : 분해는 큰 아이디로 시작해서 더 작고 이해하기 쉬운 단위로 쪼개는 방법이에요. 더 작게 쪼갠 문제들을 해결할 방법을 알고 있다면, 당신은 그 아이디어를 합쳐 더 큰 문제들을 해결할 수 있어요. 아이디어를 쪼개는 한 가지 좋은 방법으로는, 그것의 이름을 사용하지 않고 묘사하는 방법이에요. 로리가 거북이라는 단어를 사용하지 않고, "초록색 동그란 껍데기를 갖고 있는 동물"이라고 부른 것처럼 말이에요.

숫자 3이나 4처럼 간단한 아이디어더라도, 더 간단한 아이디어로 분해할 수 있어요. 0에서 시작해서 1을 더해요. 그리고 1을 또 더하고 또 더해요. 이렇게요.

$$0 = 0$$
$$1 = 0 + 1$$
$$2 = 0 + 1 + 1$$
$$3 = 0 + 1 + 1 + 1$$

만약 당신이 정말로 원한다면, 다른 숫자들은 모두 버리고 0과 1만을 이용할 수 있어요. 그다지 추천하는 방법은 아니지만요. 당신은 많은 종이를 낭비하게 될 테니까요! 하지만 이 방법은 수학을 할 때도 완벽하게 유효한 방법이에요. 예를 들면 0과 1만을 이용해서 덧셈 문제를 풀어볼게요.

2 + 2 = 4

라는 식은 이렇게 변할 수 있어요:

(0 + 1 + 1) + (0 + 1 + 1) = (0 + 1 + 1 + 1 + 1)

관련짓기Relating : 두 가지의 아이디어를 관련지을 때는, 아이디어를 양옆에 두고 그것들을 비교할 수 있어요. 프레스넬의 풍선과 등대처럼 말이에요. 숫자들을 이용할 땐, 당신은 〈 (작다)를 이용해서 왼쪽에 있는 숫자가 오른쪽의 숫자보다 작다는 것을 보여줄 수 있어요. 그리고 당신은 = (같다)를 이용해서 왼쪽의 숫자와 오른쪽의 숫자가 같은 값을 갖는다는 것을 보여줄 수 있어요.

2 〈 3
2 x 3 = 6

당신은 단지 숫자만을 관련지을 필요는 없어요. 게다가 몇 개의 관계는 덜 엄밀할 수도 있어요. 프레스넬의 풍선은 정확하게 등대라고 할 수는 없지만, 등대와 크게 다르지도 않다고 할 수 있지요. 우리는 사람들이 높은 곳에 올라오는 길이 필요하고, 올라와서 서 있을 공간이 필요하고, 멀리 있는 배들이 볼 수 있도록 큰 불빛이 필요하다고 기대하죠. 프레스넬의 풍선은 엄밀히 따지면 이러한 것들을 모두 갖고 있어요.

- 프레스넬의 풍선은 등대와 비슷하다.
- (엘리베이터, 풍선, 불빛)은 (계단, 타워, 불빛)과 비슷하다.

18장. 등대 네트워크

네트워크Network : 윈썸은 등대 네트워크를 만들어 유저랜드에 있는 사람들이 더 빠르게 메시지를 전달할 수 있도록 했어요. 컴퓨터 과학에서 네트워크는 컴퓨터의 그룹이 서로 연결되어 정보를 공유할 수 있도록 해요. 이러한 컴퓨터들은 전선을 통해 연결되기도 하고 심지어 선 없이 공기 중에서도 무선으로 연결될 수 있어요!

보도Baudot : 1870년에, 에밀 보도Emile Baudot는 1과 0으로 이루어진 숫자로 단어를 대신할 수 있는 코드를 발명해 냈어요. 이 코드는 사람들이 전기를 이용해 메시지를 공유할 수 있도록 만들어졌어요. 만약 여러분이 스위치가 있다면 전력이 켜졌을 때는 1을, 꺼졌을 때는 0이 될 수 있어요. 자연스럽게 보도는 그의 이름을 따서 코드의 이름을 불렀어요.

우리는 현실에서 보도 코드를 그렇게 자주 사용하지는 않아요. 하지만 핑이나 프레스넬 그리고 윈썸의 등대 네트워크를 이용하는 다른 사람들은 불빛을 이용해서 메시지를 전달하기 때문에 불을 켰을 때 (플래시-Flash) 하고, 껐을 때 (플르쉬-Floosh) 하는 것을 사용해요.

여기에 보도 코드와 각각의 단어와 숫자가 나타내는 것을 잘 보여주는 표가 있어요. 당신이 직접 등대 네트워크를 만들 수 있지요. 전등을 들고 친구와 함께 서로 다른 메시지를 주고받아 보세요!

문자	보도 코드	문자	보도 코드
A	11000	N	00110
B	10011	O	00011
C	01110	P	01101
D	10010	Q	11101
E	10000	R	01010
F	10110	S	10100
G	01011	T	00001
H	00101	U	11100
I	01100	V	01111
J	11010	W	11001
K	11110	X	10111
L	01001	Y	10101
M	00111	Z	10001

19장. 갈림길에서

포킹 패스의 정원 Garden of the Forking Paths : 정원에는 16,777,216가지의 지나가는 방법이 있어요. 하지만 마침내, 로리와 엑소르는 그들에게 정확히 딱 맞는 한 가지의 방법을 찾아냈어요. 가능한 방법의 수는 더 작아지고 더 빨라졌어요. 각각의 갈림길에서 로리는 예/아니오 문제에 정답을 내리고 모든 가능한 경로의 숫자를 반씩 줄여나갔기 때문이에요.

포킹 패스의 정원을 통한 로리의 여행은 컴퓨터 과학자들이 이진 검색binary search이라고 부르는 방법과 매우 비슷해요. 프로그래머들이 매우 많은 목록 안에서 빠르게 한 가지의 정보를 찾아내기 위해 쓰는 방법이지요. 어떤 것이 이진화binary되었을 때, 그 것은 오직 두 부분으로 나뉘어요. 정원의 팻말을 통해 로리에게 물어봤던 질문들처럼 말이죠.

이진 검색에서, 당신은 매우 많은 정보가 적힌 목록 안에서 유사한 질문들을 할 수 있어요. 결국, 당신은 모든 가능성을 단 한 가지로 줄여낼 거예요. 다음번에 스무고개를 할 때 이 방법을 이용해 보세요. 만약 당신이 질문을 조심스럽게 정한다면, 당신은 오직 20개나 30개의 단계를 거쳐 어떤 것이든 정답에 도달할 수 있을 거예요.

4장의 리커전재귀을 보세요.

이 작은 차트에는 4가지의 결과가 나올 수 있어요. 만약 당신이 "A or B?"의 질문에 A 라고 대답한다면, 당신은 두 가지의 가능성만을 남겨둔 채 숫자를 절반으로 줄일 수 있어요. 그리고 나면 A 에서 당신은 "C or D?"의 질문에만 대답하면 돼요. 어떤 선택지를 선택하더라도, 당신은 또 절반으로 가능성을 줄이게 될 거예요.

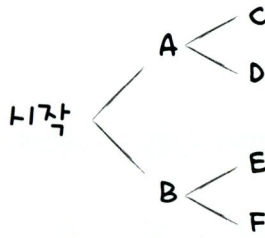

21장. 한 가지만 더

전신텔레그래프 Telegraph : 케빈 켈빈Kevin Kelvin 선장은 전신 네트워크를 만들기 위해 해변을 따라 전선을 깔아 놓았어요. 전신 시스템은 사람들이 물리적인 물체를 실제로 보내지 않더라도 먼 거리에 있는 사람에게 메시지를 보낼 수 있게 해요. 윈썸의 등대 네트워크도 일종의 전신인 거죠!

케빈의 경우 단어들은 불빛이 아닌 소리의 집합체로 나타내어져요. 서로 다른 소리의 조합은 다른 단어들을 나타내고, 그 소리들은 케빈의 조수가 전선의 반대편 끝에서 버튼을 누를 때 실제로 만들어져요. 전신은 역사적으로 사람들이 멀리 있는 다른 사람들에게 대화를 하기 위해 사용되었던 많은 시스템 중 하나예요.

켈빈Kelvin : 로드 켈빈Lord Kelvin은 실제로 전신을 위해 연구했던 기술자예요. 하지만 켈빈은 온도를 측정하기 위한 켈빈 척도를 만들어 낸 것으로 가장 잘 알려졌어요. 다른 온도의 단위와는 다르게 켈빈 척도는 0보다 작은 숫자를 사용하지 않아요. 그래서 켈빈 단위를 이용하면 그 어떤 것보다도 차가운 온도는 정확히 0을 나타내요. 물이 얼어 버리는 냉각점은 273.16 켈빈이에요!

컴퓨터과학으로 배우는

코딩여행

초판 1쇄 인쇄   2017년 7월 19일
초판 1쇄 발행   2017년 7월 25일

저자   까를로스 부에노
옮긴이   한선관
펴낸이   박정태
편집이사 이명수   감수교정   정하경
편집부   김동서, 위가연, 이정주
마케팅   조화묵, 박명준, 최지성   온라인마케팅 박용대
경영지원 최윤숙
펴낸곳   사이언스주니어
출판등록 2014.11.26 제406-2014-000118호
주소   파주시 파주출판문화도시 광인사길 161 광문각 B/D
전화   031-955-8787   팩스   031-955-3730
E-mail   kwangmk7@hanmail.net
홈페이지 www.kwangmoonkag.co.kr
ISBN   979-11-86474-04-4 73400
가격   13,500원

한국과학기술출판협회회원

이 책은 무단전재 또는 복제행위는 저작권법 제 97조 5항에 의거
5년이하의 징역 또는 5,000만 원 이하의 벌금에 처하게 됩니다.